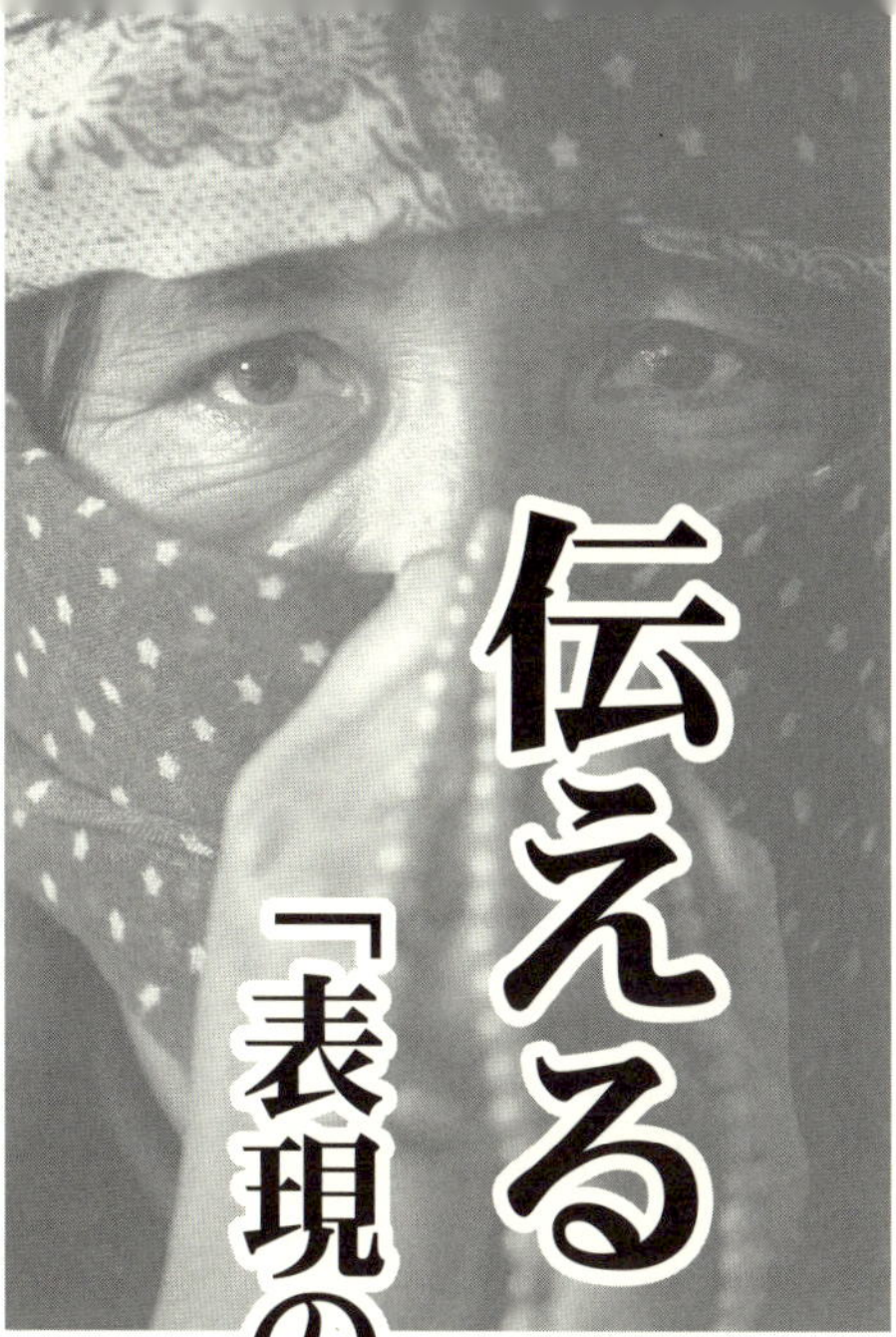

伝える 訴える

「表現の自由」は今

共同通信社取材班
軍司泰史編著

柘植書房新社

当たり前と思っていた自由が、突然変調を来す。決して人ごとではない。事実を伝え、思いを訴える。表現は今、どれほど自由なのか。あるいは抑圧、封殺、監視されているのか。世界の国々をめぐりながら考える。

プロローグ──報道の真価、問われる時代

池澤夏樹

毎朝の習慣として新聞を読む。

見出しを見て記事を選び、丁寧に読み、重要なものとわかれば切り抜く。そうやってまとまった記事やコラムを後でまとめてもう一度精読する。

何をしているかと言えば、日本と世界の現況を要約しているのだ。無数にある事実と意見の中からその日その日の世界像を構築する骨格の一本ずつを見つけ出して、適所に配置して組み立てる。

つまりぼくは情報と意見から成る世界像を1頭の脊椎動物と見なしているわけだ。まずは骨があり、その上に肉があって皮膚で覆われている。だから元気に動くし、走り行く方向は日々変わる。世界とはそのくらい実在感があるものだ。

インターネットにはツイッターなど個人発信の情報と意見があふれている。こちらは明確な構造を持たず、つまり骨格がなく、細部からひたすら増殖して条件次第でいくらでも変形するし、時にはすっと消滅する。生物でいえば粘菌に似ている。

生物学でいう進化論のままに、ニュースやオピニオンのありようが変わっていっているのかもしれない。進化とは環境に応じた種の消長である。インターネットという新しい環境が個人発信という新しいメディアを生んだ。こちらが主流になってゆくのだとしても、ぼくはその流れに乗りきれ

ない。まだ粘菌ではなく脊椎動物の方と付き合っていたい。

＊　＊

新聞はさまざまある。

中立とか不偏不党などという原理はそこにはない。あるはずがないのだ。報道は取材から印刷まで一段階ずつが選択であり、選択というのは主観的にしかできない行為だから。

記者にせよデスクにせよ主筆にせよ、個人が個人の資格において紙面を作ってゆく。せいいっぱい広くニュースを集め、意見を募って作っても、そこには新聞ごとのカラーが生じる。

新聞はジャッジではなくプレーヤーである。それを知った上で読者は新聞を選択する。チームを選んで応援する。

だからこそ、選択の幅があることが大事なのだ。報道によってどういう世界像を作るか、それは読者が決める。

＊　＊

２０１５年の6月、国会でさる議員が「沖縄の世論はゆがみ、左翼勢力に完全に乗っ取られている」と発言したのに応じて作家の百田尚樹氏が「沖縄の二つの新聞社は絶対につぶさなあかん」と

東京・東日本橋の共同通信社にて撮影、池澤夏樹氏（撮影・伊藤智昭）

言った。

新聞をつぶすというのはファシズムの発想である。独裁政権のもとで御用新聞しかない国はたくさんある。百田氏は日本をそういう国にしたいのだろう。このような意見が政権のすぐ近くから出るのが今の日本なのだろうか。

ＮＨＫは籾井勝人会長になってからほとんど政府広報のような姿勢になった。「政府が『右』と言っているものを、われわれが『左』と言うわけにはいかない」とトップが言い、下は唯々諾々とそれに応じているように見える。イラク開戦の時に英国放送協会（ＢＢＣ）がブレア政権に果敢に抵抗したあの覇気は望みようもない。

近代国家は立法・司法・行政の三権から成るとされる。それに対して報道機関が第四の権力と呼ばれることがある。国の運営に及ぼす影響力が大きく、三権を批判する権能があるからだ。

今の日本は選挙制度のゆがみによって行政府の力が異常に強く、立法府と司法府はその前にひれ伏している。そういう時こそ第四権力である報道機関の真価が問われるのだろう。

ぼくはこの2週間ほど、百田氏が「つぶさなあかん」と言った「琉球新報」と「沖縄タイムス」を沖縄から送ってもらって読みつづけた。そこにあるのは地方紙ならば当然の、その土地の利害に関わる記事であり意見だった。70年にわたって米軍基地との共存を強いてきたあげく、今後もまだ負担を強いる。それに賛成する意見が地元で多数であるはずはない。

2紙というところが大事。地方紙が1紙という地域は少なくない。その場合は全国紙か地方紙かという選択を購読者は迫られる。しかし沖縄には2紙あって選ぶことができる。ぼくは10年間、人生の7分の1を沖縄で過ごし、その間ずっと両紙を読んでいた。その時々で論調は微妙に異なり、知事選の前などになると違いがはっきり出た。しかし、ここ数週間、辺野古問題に関して2紙はほぼ同じことを主張している。そうせざるを得ないのだ。

百田氏ならびに安倍政権が本気で2紙をつぶすつもりなら方策がないではない。政府寄りの報道を編集方針とする新聞を沖縄で創刊なされればいい。それが民意にかなうものならば大いに部数を伸

＊　＊

ばして既存の２紙を経営破綻に追い込むだろう。それ以外の方法を使ったらそれはまさにファシズムだ。

＊　＊

反知性主義の時代だから歴史など持ち出すと反発を買うかもしれないが、近代国家の経営は啓蒙主義とそこから生まれた人権思想に基づいている。まだわれわれはそれを捨てるに至っていない。行政府が強すぎると民は迷惑をする。それを抑えるために、どこの国も憲法で政府を縛ることにした。具体的にはフランス革命が大きな転機になった。報道の自由について、意見発表の自由について、フランス革命を用意した思想家ヴォルテールのものとして流布される言葉を思い出そう――。「私はあなたの意見には反対だ。だがあなたがそれを主張する権利は命をかけて守る」

２０１６年１月１日

伝える　訴える──「表現の自由は今」●目次

第1部　メディア流転

■ テロと表現 ■

非常事態、凍える自由

パリのメトロに揺られていて、20年前の東京を思い出した。１９９５年、「地下鉄サリン事件」直後の東京の地下鉄には独特の張り詰めた空気があった。網棚や床に不審物がないか、乗客は絶えず視線を走らせていた。

２０１５年11月、コンサート劇場やレストランなどで１３０人が犠牲になった同時多発テロ後のパリにも、同じ緊張がある。

中東の過激派組織「イスラム国」（ＩＳ）が犯行を宣言したテロの後、フランス人の友人はパリ・モンマルトルのカフェで、あごひげを伸ばし目つきの鋭いアラブ人風の男が、大きな荷物を抱えて席に着くのを目撃した。「途端に3～４人が店を出たね。実際は、何も起こらなかったけど」

そう、大抵は何も起こらない。頭では分かっている。だが、ふと不安が頭をもたげ、恐怖がのど元までせり上がってくると、まともな判断が停止する。「イスラム教徒は、なんか怖い」。そんな空気が醸し出される。

▽「えせ思想家」

57歳の哲学者ミシェル・オンフレはテロ後、ＩＳの犯行声明ビデオにがくぜんとした。そこに自分が映っていたからだ。テロ発生前、テレビで話した場面が一部だけ転用され「フランスは、イスラム教徒住民への爆撃をやめるべきだ」と強調する自分がいた。

オランド大統領がＩＳとの戦争状態を宣言し空爆を強化する中、利敵行為と見なされ、激しい批判がわき起こった。

オンフレは別のテレビ番組に出演し「私はいつも宣伝道具に利用される。ＩＳを弁護するつもりはない」と釈明したが、「詭弁だ」「えせ思想家」との罵倒は続いた。

2015年11月に発生した同時多発テロの現場となったパリ・バタクラン劇場の近くで犠牲者を悼む人たち。1月のシャルリエブド紙襲撃事件を上回る規模のテロに、人々は再び衝撃と悲しみにうちひしがれた（撮影・高野仁）

オンフレは16年1月に予定していた著作「イスラムを考える」の国内出版を断念した。

テロへの恐怖感から社会全体がこわばる中、言論がつるし上げに遭ったのはオンフレだけではない。日本でもファンの多い、歴史人口学者エマニュエル・トッドもその一人だ。15年1月の風刺週刊紙「シャルリエブド」襲撃事件について論じた著作「シャルリとは誰か?」が発端だった。

▽フランスの敵

イスラム教預言者ムハンマドの風刺画を掲載した同紙に対するテロ後、フランス全土で400万人近くが「私はシャルリ」のプラカードを掲げ、表現の自由を訴えてデモを行った。デモはイスラム過激思想に対し、共和国の価値を訴える「大行進」とされた。

だが、トッドはこれを「欺瞞だ」と論じた。15年5月に刊行した著作で、デモが大規模だった地域は伝統的にカトリックの影響力が強く、反フランス革命、反共和主義だったことを例証。「大行進」の背景には社会に広がる「イスラム嫌悪」があるとして、かつてのユダヤ人弾圧に通じる全体主義の再来を警告した。

「大行進」を誇りにしていた側から激しい反論が起きた。中でも強く批判したのは政権だ。首相のマニュエル・バルスはルモンド紙に異例の論文を寄せ「トッド氏に反論する。著作で最も懸念されるのは、世間に背を向け、フランスを信用しない知識人らのなげやりな性質を帯びている点だ」と糾弾した。

64歳のトッドは、英ガーディアン紙のインタビューで、今やフランスで公共の敵ナンバーワンは自分だと語った。「フランス社会は病んでいる」

▽91%の支持

11月の同時テロ後、フランスは非常事態を宣言し、議会はその3カ月延長を承認した。令状なしの家宅捜索、飲食店の閉鎖、デモや集会の禁止がまかり通るようになった。政府によると、宣言から3週間弱で２２００カ所以上の家宅捜索が実施され、２６０人以上が拘束された。11月末に始まった国連気候変動枠組み条約第21回締約国会議（ＣＯＰ21）の際に、デモを計画していた環境活動家らも外出禁止を言い渡された。

これほど自由が制限されながら、世論調査で非常事態延長への支持は91％。個人主義の浸透するこの国で、テロ抑止の掛け声が同調圧力となり、パリの誇る自由が寒空の下で凍えている。

高等教育機関コレージュ・ド・フランスの政治学者ピエール・ロザンバロンは「今日われわれの社会には、独裁への渇望感が生まれるリスクがある」と指摘した。「社会が直面する問題が解決困難なため、民主主義の減殺と一見好意に満ちた独裁者の出現が必要なように感じられている」

15年12月のフランス地域圏議会選挙で、極右政党「国民戦線」（ＦＮ）が支持を大幅に拡大した。女性党首マリーヌ・ルペンは「細菌のような移民を根絶する」と情念に訴える発言で、有権者の不安にアピールした。

ＦＮは長年、共和国の理念に反する政界の異端児とされてきた。だが同時テロ後の緊張と不安が、ユーロ離脱や自国第一主義を公約するナショナリスト勢力を次期大統領選の主役の一人に押し上げている。

★言葉を探す★

パリ同時テロの現場には、花やろうそくとともに弔意などを記したカードがあふれる。人々は丹念に読みながら、虚脱感を埋める言葉を探している。一部を紹介する。

「恐れることはない。団結しよう。われわれがパリだ」

「私はイスラム教徒だが、テロリストではない。皆悲しんでいる」

「自由、自由だよ君」

「戦争をやめよ。兵士をここへ戻せ」

「パリ市民よしっかりせよ。シリアの友人はあなたとともにいる」

「私は友人と同僚を失った。だが、憎しみはあげない」

「光の都が光を失ったとき、残る世界がパリを照らす」

「連中は私たちに何もできない。パリは再起する。ひざを屈したままではいない。パリは再起する」

軍司泰史＝２０１６年1月13日

■テロと表現■

シャルリエブド漂流

歩いてわずか5分だった。2015年11月のパリ同時多発テロで最も多くの犠牲者を出したバタクラン劇場から、これほど近いとは思わなかった。

多くの花とろうそくで囲まれた劇場に比べ、こちらは訪れる人もいない。ビルの前にバラの花束が一つだけ、供えられていた。同じ年の1月、風刺週刊紙「シャルリエブド」がアルジェリア系フランス人の兄弟に襲われ、風刺画家ら計12人が殺害されたテロの現場だ。

▽スタッフ離脱

イスラム教預言者ムハンマドの風刺画を掲載するなど挑発的表現で知られる同紙が、イスラム過激思想に染まった兄弟に襲撃された事件は、世界に衝撃を与えた。それだけではない。事件後にムハンマドの風刺画掲載の是非を含め、シャルリエブドほど国内外で毀誉褒貶にさらされ、漂流したメディアはない。

事件の4日後、フランス全土で400万人近くが、犠牲者への連帯と表現の自由の擁護を訴える「私はシャルリ」のスローガンを掲げてデモを行った。一方で、同紙の風刺表現がイスラム嫌悪をあおっているとの批判も渦巻いた。

事件前に公称4万5千部だったシャルリエブドは事件後、実売約10万部、定期購読約20万部に躍進した。一方でスタッフらの離脱が相次ぎ、存続の危機すら取りざたされる。

風刺画家ルナルド・リュジエ（通称リュズ）は事件当日、編集会議に遅れてテロを免れた。44歳のリュズは事件後最初の号で「私はシャルリ」の紙を掲げ、涙を流すムハンマドを描きイスラム世界の反発を買う。15年4月に「もうムハンマドは描かない」と宣言。5月「時事問題に関して描くのは、私には困難だ」と編集部を去った。

52歳で時評欄担当のパトリック・プルーも9月、ラジオ番組で「毎週書き続けていく勇気がない」と決別を表明した。

▽シェルター

スタッフが去っていく大きな理由は安全だ。部数が増え注目を浴びるにつれて脅迫も増える。英紙フィナンシャル・タイムズによると、同紙との会見に現れた編集長ローラン・スリソーは4人の護衛に囲まれていた。

シャルリエブドは襲撃事件後、左派系紙リベラシオンの社屋に編集部を移したが、同紙も看板を隠さざるを得なくなった。リベラシオン周辺では警察や憲兵隊の車両が警備に当たり、担当者は「脅迫がひっきりなしだ」と打ち明けた。

10月、シャルリエブドはさらに移転する。新しい住所は秘匿された。報道によると、約400平方メートルのフロアには、万一のテロに備えて社員が逃げ込む「シェルター」が設置された。

2015年10月に訪れたパリ・共和国広場の像の台座には、「シャルリエブド」紙の過去の1面が張られていた。11月の同時多発テロで、この場所は再び犠牲者を悼む人々と花束で埋め尽くされた（撮影・遠藤弘太）

安全を考えれば、シェルターの設置は合理的なのだろう。だが、メディアが秘密要塞のような場所で活動を続けることに、スタッフの違和感はないのだろうか。

▽危険の代名詞

「シャルリエブドにとり、最善の安全策はシェルターではない。（表現が生み出す）緊張を自らが解くことだ」

パリのカフェでユセフ・ブースーマがまくし立てた。フランス旧植民地出身者への差別反対を訴える団体「共和国の原住民党」の共同代表。54歳。自らもマグレブ系移民だ。

「私はシャルリエブドの愛読者だった」とブースーマは述べた。だが、約10年前から読まなくなった。パリ郊外の移民街で、若者の暴動が社会問題化したころだ。

イスラム嫌悪の表現が目立つようになり「シャルリは変わってしまった」。

　フランスでは宗教への「不敬」は権利とされる。憲法で「政教分離の共和国」をうたう理念大国の核心の一つだ。だがブースーマは、不敬は畏敬への対抗表現のはずだと訴える。「敬意が前提だ。シャルリエブドは違う。イスラム教を、ただただ辱める」

　風刺画に憤激しテロを起こした兄弟は、貧しい移民街の出身だった。11月の同時テロに参加した若者らもそうだ。

「移民街の若者は今や危険の代名詞だ。人は貧困には耐えられても、尊厳を失うことには耐えられない。シャルリエブドも、この国の人々もそれを理解していない」

「もしこの国で、全員が同じ権利と義務を享受しているなら『私もシャルリだ』と言おう。だがそうではない」

　再びシャルリエブド襲撃事件の現場。同じビルで縫製店を構え、事件を目撃したメング・フーは小声で「パトカーが今も巡回に来る」と語った。

　40年前、16歳の時にポル・ポト支配のカンボジアからパリに逃れた。事件後、シャルリエブドを「表現の自由」の象徴に祭り上げる集会を、異邦人の目で間近に見てきた。「事件のことは、早く忘れたいな」。殺害された風刺画家には同情する。だが「シャルリは、やり過ぎたよ」とも言う。偶像化には違和感が、どうしても消えない。

★だが、殺すな★

パリに住んでいたころ、シャルリエブドが苦手だった。あまりに下品で挑発的、いかがわしさに満ちていたからだ。

同紙の源流は1960年代にある。テロで殺害された風刺画家ボランスキやカビュは、30代で68年の学生反乱「5月革命」を体験した世代だ。あらゆる権威に挑み、タブーを退け、訴訟も覚悟して挑発的表現を社会に突き刺す一貫性は、いっそあっぱれと言ってもいい。熱狂的ファンがいる理由も理解できる。

穏当な表現ばかりが流通する社会が、健全だとは思わない。挑発的でいかがわしいものと、ある時は肩を組み、ある時は格闘する。表現の自由とはそのプロセスのことではないか。シャルリエブドが苦手なのは、今も変わらない。その上で、こみ上げてくるのは「だが、殺すな」という怒りだ。

軍司泰史＝2016年1月20日

■テロと表現■

憎まない、君たちの負けだ

不幸は時に、不意を突く。パリに住むアントワーヌ・レリスの人生は2015年11月13日夜、テレビ画面に流れたテロップを見た瞬間に一変した。「バタクラン劇場でテロ」。130人が亡くなったパリ同時テロの犠牲者に、妻のエレーヌが含まれていることを知ったのは翌日だった。

風景は視界から消え、音も消えた。丸2日、話すこともできなくなっていた。変化が訪れたのは遺体安置室で亡き妻と対面した後だ。息子のメルビルを保育園へ迎えに行く車の中で、言葉が頭の中に湧き出てきた。

レリスはそれをフェイスブックに書き付けた。「君たちはかけがえのない人の命を奪った。それは僕の愛する妻であり、僕の息子の母親だった。だが、君たちが僕の憎しみを手に入れることはないだろう」

イスラム過激思想に染まったテロリストに宛てた「手紙」だった。

▽僕たちは弱くない

テロに衝撃を受けていた世界で、大きな反響が広がった。手紙は3日間で20万人以上にシェア（共有）され、読者から届いた書簡にはこうあった。「不幸に見舞われたのはあなたなのに、私たちに

2015年11月20日、同時テロから1週間を迎えたパリ。銃撃事件の現場となったバタクラン劇場付近では厳しい警戒が続いていた（撮影・高野仁）

勇気をくれたのはあなただ」

35歳のレリスに当時の思いを聞くと、言葉を慎重に選びながら答えた。「犯人らが望んだもの、つまり憎悪は得られないと言ってやりたかった。反響は大きかったが、すべてが遠くで起きているような感じだった」

レリスはフランスのニュース専門ラジオの記者だった。文化担当として映画や文学を取材。03年に1歳年上の美容師エレーヌと出会い、12年に結婚した。

レリスとエレーヌは15年1月、パリの風刺週刊紙シャルリエブドが襲われたテロの現場を訪れ、献花している。「妻とは『表現の自由への攻撃だね』と話し合った。他の市民と同じ感覚だった」

　現実に妻が犠牲になると、テロは抽象的な出来事ではなくなる。「『手紙』は自分の内側に、ごく私的に湧いた言葉だ。妻の人生は奪われたが、私と息子の人生を奪うことはできないと言ってやりたかった。僕たちは弱くないことも」

「手紙」はテロリストにこう告げる。「君たちは僕が恐怖を抱き（中略）安全のために自由を犠牲にすることも望んでいる。でも、君たちの負けだ。僕たちは今まで通りの暮らしを続ける」

▽息子の涙

メルビルが生まれたのは結婚2年後の14年6月。テロ当時は1歳5カ月だった。

テロの2日後、メルビルはいらだっていた。携帯電話にエレーヌが入れてくれた子守歌を聴かせると、小さな息子は携帯の画面に現れた母親の画像に反応した。目の縁に涙がたまっている。

「メルビルは当時、パパ、ママ、おっぱいの3語しか話せなかった。でも、母親の不在が続き、何かを感じた。僕にはメルビルが何を感じたかが分かった」。息子は生まれて初めて「悲しくて」泣いた。レリスは泣きじゃくるメルビルを抱きしめ、自分も大泣きした。

　2人だけの生活が始まって以後、レリスは毎朝、メルビルを保育園に送る。夕方迎えに行って、ご飯を与え、風呂に入り、寝かしつける。こうしたメルビルとの日常に、実は救われていることをレリスは知っている。「生活のリズムを取り戻すことで、落ち込むことから気を紛らわせている」

　一方で、レリスはフランス社会がテロの後、素早く日常を取り戻したことに慣れないでもいる。「あれほどの事件が起きたのに、人々は職場に戻り、メトロは復旧し、地球は相変わらず回っている」。

レリスをさいなむのは「エレーヌの不在」という感覚だ。

「悲しみは受け入れた。でも喪失の感覚は、いつもどこにでもついて回る。生活を再始動しても、この感覚は消えない。（愛する者の）死を乗り越えるのは不可能だ。飼いならすしかない」

▽いつの日か

レリスは16年3月、テロの日から12日間の体験をまとめた著作「ぼくは君たちを憎まないことにした」を刊行した。既に日本語版を含めて世界20カ国での翻訳が決まっている。エジプトの出版社からはアラビア語に翻訳したいとのオファーも届いた。

「読者に、こう読んでほしいというような期待はない。ただ読者が、意見を寄せてくれるのがうれしい。直接つながっている感じがする」

メルビルは16年6月、2歳になった。誕生日に幼児用のキックスケーターとおもちゃのピアノを与えると大喜びで遊び始めた。レリスが言ったことを、おうむ返しにしながら言葉も増える。

いつの日か、メルビルが母親のことを質問するときが来るだろう。レリスはそれを待っている。

「何が起きたのか。何一つ隠さず話してやるつもりだ」。息子はそこから、自分の道を自分で歩み始めるだろうと予感している。

★そして人生は続く★――――――――

「ぼくは君たちを憎まないことにした」を日本語に翻訳した土居佳代子は、アントワーヌ・レリスの言葉を「暗闇にろうそくがともっているように感じた」と評した。世界がテロと暴力に覆われていくように見える中、「手紙」が多くの人々に共有された理由だろう。

レリスはテロの後、ラジオ局を辞めて執筆活動に専念している。その方が、メルビルの世話にも集中できるからだ。レリスの言う通り、悲劇がどれほど大きくても、残された者の人生は続く。

メルビルとの現在の生活を聞くと、レリスは「『こんにちは』より先に、彼が覚えた言葉がある」と打ち明けた。「それはやっちゃだめ！」「レッド・カード！」。やんちゃな2歳児との目の回るような日常を語るとき、レリスは本当にうれしそうに笑った。

軍司泰史＝2016年7月27日

■告発は死なず■

ラジオは銃弾を超えて

フィリピンのラジオ局のニュース番組はロックのリズムで進む。キャスターの言葉の区切りごとに「ドドドン」とドラムが鳴る。「火事発生」など緊急ニュースが入るとサイレンや爆竹などけたたましい効果音が響く。

記者たちは携帯電話や無線機を手にいち早く事件現場に飛び出し、早口のリポートを送る。雑音が混じったり、音声が途切れたりするのはしょっちゅうだが、臨場感はたっぷりだ。

キャスターのコメントは徹底して辛口。汚職問題に怒り「この盗人ども！」と絶叫することも。フィリピンでは報道の第一線でラジオが元気だ。テレビ報道も活気はあるが、ラジオほど「何でもあり」ではない。公用語のフィリピン語（タガログ語）で放送するテレビに対し、セブ語など地方言語放送中心に徹している点もラジオの強みだ。

▽被弾５発

そのラジオ局で悲劇が続く。キャスターらの殺害が相次いでいるのだ。

２０１５年８月27日。ミンダナオ島オサミス市のラジオ局「ＤＸＯＣ」のキャスターだったコスメ・マエストラードは、朝の情報番組「ラッツサダ」（セブ語で「疲れ知らずの語り」の意）の生放送を終え、市中心部のショッピングセンター前で知人と立ち話をしていた。そこに男が近寄り、いきなり発砲、頭部などに5発の銃弾を浴びて亡くなった。享年46。男は逃げ、事件は未解決だ。

不正や汚職の徹底追及が彼の売りだった。「メールや電話で何度も脅迫を受けてきた」。46歳の妻マリビックは言う。13年にも銃撃を受け、危うく難を逃れていた。「『もう番組はやめて』と夫に何度か懇願した。でも夫はそのたびに『事実を誰かが伝えなければならないんだ』と私をなだめるように言った」

▽生放送で詰問

死の直前までコスメは隣町の公費支出疑惑を追っていた。ショベルカーなど重機3台を約3千万ペソ（約7500万円）で購入した町長に価格の不透明さなどをただし、電話での一問一答をゲリラ的に放送している。

「3台も必要だったのはなぜ？　値段も相場よりかなり高いが」

「道路整備のためです」。最初、町長は穏やかに釈明していたが、容赦ない質問を続けるコスメにやがて激高し「この野郎！」と口汚くののしった。生放送だと知ってますます怒ったが、リスナーは喝采した。

小学校の水道代問題追及は大きなスクープになった。「予算がない」との理由で市内の公立小学校は水道代などの「寄付」を保護者に求めていた。コスメは公文書で水道費が相当額計上、支出さ

フィリピンは報道の第一線でラジオが持つ影響力が大きい。ミンダナオ島オサミス市のラジオ局「DXOC」の顧問で自らトーク番組も持つデリア・ロサルは、殺害されたコスメ・マエストラードについて「不正追及を続けた彼の番組は最も人気があった。大きな存在を失った」と話した。（撮影・石山永一郎）

れていることを確認。疑惑追及のキャンペーンを張った。すぐに学校の「寄付」要請は止まった。水道は止まらなかった。

国際組織「ジャーナリスト保護委員会」（CPJ）によると、1992～2014年にフィリピンで殺されたジャーナリストは77人。168人のイラク、85人のシリアに次ぐワースト3位だ。

犠牲者の実に半数以上がラジオ局関係者で、地方権力者の不正追及の末、殺し屋を差し向けられる例が多い。犯人が捕まるケースは約1割。それもほとんどが末端の実行犯。警察の腐敗や銃入手の容易さが根本原因ともいわれる。例外的に主犯が捕まったのはパラワン州で11年に起きたキャスター殺害事件で、15年、なんと元州知事が逃亡先のタイで逮捕された。

▽ブロックタイマー

コスメの前職はレンタカー業。大学は中退、エリートではない。両親は貧しい農民だ。番組を持つに至ったのは、5年前に親友だったキャスターが同じように暗殺されたことがきっかけ。弔いの思いを胸に「ブロックタイマー」と呼ばれる独特の仕組みでキャスターになることを決意した。ラジオ局の放送時間帯を個人で買い、自分の番組を放送できる仕組みで、スポンサーが付けば自分の収入になる。コスメの番組はすぐにリスナーの圧倒的な支持を得た。スポンサーも複数付いた。3年前からは自宅にスタジオを作り、そこから放送するようになった。

「多くの内部告発者を持っていたし、自らも丹念に取材し証拠を集めていた」。DXOCの元同僚は証言する。しかし、地元紙パギルベイ・モニターの女性経営者で60代のバージニア・サキンはコスメを疑っていた。「誰かを攻撃して別の誰かから金をもらっている。そんなうわさを聞いた」

そのサキンもキャスターだった夫を20年ほど前に暗殺されていた。なのに、いや、だからか、コスメの死には冷ややかだった。彼女の新聞はその死を一行も報じていない。

コスメの自宅の周りは水牛が放し飼いにされた草地。スタジオは増築した3階部にあった。

遺影を抱いて母とスタジオに入った18歳の娘ルシルが目をまっすぐに向けて言った。「父に逆らってばかりいた。でも、今は心から父を誇りに思っている」

★減るジャーナリスト志望★

相次ぐ暗殺事件をめぐり「フィリピン・ジャーナリスト全国組合」（ＮＵＪＰ）のソニー・フェルナンデスが「現役ジャーナリストへの研修も重要」とあえて語ったことが印象的だった。ＮＵＪＰでは若手記者らに一般的な危険回避法とともに「取材対象との不要なあつれきや感情的対立を避けることを教える研修も行っている」。

フィリピン大ジャーナリズム学科准教授のルシア・タギには「暗殺の影響でジャーナリスト志望の学生が減った」と聞いた。フィリピンでは「大手メディアでも記者の待遇は悪く、給料は広告など別分野に就職した学生の３分の１」。それでもキャンパスには「国の将来のためにジャーナリストになる」と言い切る学生たちがいた。「幸運を祈る」としか言えなかったが、頼もしかった。

石山永一郎＝2016年2月24日

■告発は死なず■

無法と闘い「血の報復」

蒸し暑い夜だった。2015年7月31日。メキシコ市内のアパート4階で同国の有力週刊誌「プロセソ」の契約カメラマンだったルベン・エスピノサ、女性人権活動家のナディア・ベラら男女5人の惨殺体が見つかった。いずれも両手足をしばられ、頭を銃で撃たれていた。床にはおびただしい血。エスピノサは首と背中を刺され、拷問を受けた痕もあった。

▽「見張られている」

31歳だったエスピノサは、東部ベラクルス州の州都ハラパで約7年間人権・社会問題を追い、6月にメキシコ市に戻ってきたばかりだった。ハラパで何者かに尾行されるなど身の危険を感じ、記者仲間に「変なやつに見張られている。何かが起きる前に家族のいるメキシコ市に避難する」と話していた。

32歳のベラもやはり身の危険を感じて14年末にハラパからメキシコ市に逃れていた。共通点は、市民らの抗議行動を弾圧するベラクルス州当局とトップである知事ドゥアルテを、最前線で強く糾弾していたことだ。

ハラパの日刊紙記者によると、州政府は農民や学生などの抗議デモを取材する報道陣の間にいっ

ルベン・エスピノサらが殺害された事件を報じる新聞、雑誌を手にする「プロセソ」誌の編集部員たち。写真編集者のマルコ・クルスは「若く情熱にあふれ、弱い立場の人たちに寄り添い、不正を糾弾する男だった」と話した（撮影・山下和彦）

も密告者を紛れ込ませ、息のかかった警察官が記者を殴ったり、カメラを奪ってデータを消したりするなどの弾圧を続けていた。常にデモ取材の先頭に立ち、当局の横暴をカメラで捉えるエスピノサは彼らにとって煙たい存在だった。

▽世界から非難

5人の殺害事件後、州知事ドゥアルテや、知事に近いとされる大統領ペニャニエトへの世界的な批判が起きた。

8月には著名作家のサルマン・ラシュディやポール・オースターら400人以上が、メキシコのジャーナリストを取り巻く状況を懸念し、中立的な機関による事件の解明を要求する書簡を大統領に送った。

表現の自由が憲法で保障されているはずのメキシコだが、スペイン通信によると、

00年以降で100人以上のジャーナリストが殺害され、うち9割の実行犯が当局との癒着などにより刑罰を免れているとされる。

国際ジャーナリスト組織「国境なき記者団」によると、メキシコの15年の表現の自由度ランキングは180カ国中148位。メキシコを「西半球で記者が最も殺されている国」とし、血の報復で報道関係者に恐怖を植え付けることによって、権力批判をメディア自らが控える「自己検閲」を生んでいるとも警告した。

ベラクルスなどの地方では州政府や市町村政府、警察などの汚職が横行している。そこに違法な麻薬取引で富を蓄えた犯罪組織が絡む構図も多い。「麻薬戦争」と呼ばれる状況が長年続き、約10万人の死者を出してきたメキシコでは暴力が日常化しており、地方の実力者の意を受けた犯罪組織が容易に殺害の「実動部隊」となる。

▽見せしめも

ベラクルスは特に記者たちにとって危険な場所だ。この6年ほどの間に15人の記者が殺害され、行方不明者も多数出ている。新聞社が集まる地区に見せしめのように記者の遺体が遺棄されていたこともあった。殺害された15人のうちの1人がエスピノサと同じプロセソ誌の記者で、有力者のスキャンダルなど調査報道で高い評価を得ていたレヒナ・マルティネスだ。12年に自宅で殺害されたが、警察は強盗の犯行と結論付けた。

エスピノサが知事ドゥアルテを格別に怒らせたといわれる写真がある。14年2月にプロセソ誌の表紙となったもので、太鼓腹が目立つ知事の写真の脇に「ベラクルス　無法の州」の見出しが躍った。マルティネスら殺害されたジャーナリストらの死について、州当局の関与を糾弾する内容だった。

エスピノサら5人を殺害したとして警察は麻薬組織のメンバーを含む男3人を逮捕した。警察の捜査は、事件は暗殺でなく、強盗や麻薬絡みの犯罪との方向に傾きつつある。しかし、現場の足跡などから3人だけの犯行とは考えられず、捜査が不十分との指摘が上がっている。当局が早期の幕引きを図ろうとしているとして、エスピノサの遺族や同僚は怒りを募らせている。

プロセソ誌の写真編集者マルコ・クルスは後輩のエスピノサについてこう語った。「報道への強い情熱と責任感を抱いていた。死してなお、メキシコの現状を世界に伝え続けている」

エスピノサの殺害から約5カ月後の15年12月、彼がいつも座っていたというベラクルス州庁舎前の階段に立った。向かいの広場は間近に迫ったクリスマスのために飾り付けられ、にぎわっていた。ここが定位置だったのは、目の前の広場で行われるデモの動きをすぐに取材できたからだろう。広場ではこの日も警察の汚職を非難する抗議デモと、それを取材する記者たちの姿があった。

★これでも、以前よりは★

メキシコのメディアをめぐる状況は絶望的に思えるが、同国に詳しい日本の外交官は「1990年代ごろまでは『ここに表現の自由はない』というのが世界の認識だった。この15年で政権に批判的な新聞が出るなど、以前よりはるかに自由になった」と言う。

最近では、ペニャニエト大統領夫人が所有する豪邸をめぐって売り主との癒着疑惑を報じられ、夫人は国民の前で説明せざるを得ない状況に追い込まれた。

70年以上に及んでいた一党支配が2000年に一度崩れ、近年は新興経済国として有望視されている。社会が成熟するにつれ、メディアをめぐる環境も改善するのだろうか。文字通り「命懸け」でペンを握るメキシコの同業者たちに明るい未来が開けていることを祈りたい。

中川千歳＝2016年3月2日

■告発は死なず■

プーチン支持一色に抗して

2014年5月、親ロシア派が実効支配したウクライナ東部2州で「国家としての自立」を問う住民投票が強行されたときだった。ロシア紙ノーバヤ・ガゼータ（新しい新聞）の記者パーベル・カヌイギンはドイツ紙の記者とドネツク州アルチョモフスクのピザ屋にいた。突然、男4人組が同じテーブルに座り、カヌイギンの書いた記事について問い詰めた。

「投票所には年寄りしかいなかっただと？　どういう意味だ」

4人組に車に押し込まれて親ロ派の拠点に連行された。パソコンにウクライナの首都キエフで撮ったデモ隊の写真が残っていたことから「スパイ」とののしられた。殴られて歯が欠け、結婚指輪と現金を奪われた。

▽最後のとりで

解放後、カヌイギンは拘束の一部始終を記事にして対抗した。その後もウクライナ取材を続け、15年にドネツクで再び拘束される。その一部始終もまた記事にした。

民兵に殴られたときのばんそうこう姿の写真を見せながら29歳のカヌイギンは言った。「ロシアのプーチン政権だけではなく、ウクライナ政権も批判する。だから双方に嫌われる。真実はどちらにとっても苦いんだ」

モスクワ中心部の古く小さな雑居ビル。その１フロアにノーバヤの編集部はあった。本社の存在を示すものは玄関脇の小さな看板だけだ。

調査報道に特化し、週３回発行で公称27万部。ネット版もある。資本の大半は社員と元ソ連大統領ゴルバチョフが持つ独立系紙。ロシア言論界の「最後のとりで」とされ、ノーベル平和賞候補にも挙げられる。

ロシアはウクライナ東部への正規軍越境を認めていない。だがカヌイギンらは負傷兵への聞き取りなどから軍の関与を暴くスクープを連発した。政権や軍の暗部をえぐる報道はチェチェン紛争以来の同紙の「伝統」だ。

だが、これまで払った犠牲も大きかった。

チェチェン報道のエースだった女性記者アンナ・ポリトコフスカヤは06年にモスクワの自宅ア

パートのエレベーター内で射殺された。専属記者25人ほどの小所帯にもかかわらず、1993年の創刊以来、6人が殺された。ポリトコフスカヤ殺害の実行犯は捕まったが、黒幕が誰だったかは未解明。同紙は新証言を寄せてほしいと紙面で訴え続けている。

▽「**裏切り者**」

ソ連崩壊直後のエリツィン政権時代、ロシアのメディアはつかの間の言論の自由を満喫した。だが、プーチン政権はテレビ局から順次圧力を強め、現在はノーバヤなどを除くほぼ全ての大手メディアが政権支持だ。

「多くの記者やテレビキャスターもまずいと分かっている。いずれ政権一辺倒の報道は変わる。動きだせば速い。10年もかからない」。カヌイギンは前向きに信じる。

ロシアの他メディアはノーバヤ紙をどう見ているのか。プーチン政権支持の論陣を張る大衆紙コムソモリスカヤ・プラウダの軍事記者ビクトル・バラネツは「2種類の記者がいる」と語る。

「一つは軍の船に同乗し、いかに司令官が頑張っているかを書く記者。一方、クズ記者は司令官から酒のにおいがし、トイレは汚かったと書く」

「ノーバヤ？　変装して病院の塀をよじ登り、負傷兵に『ウクライナにいたか』と聞くのが軍事記者か。ただの裏切り者だ。日本にも自衛隊があるだろう。もし自衛隊が秘密作戦をするとき、あんたは書くのか、書かないのか、どっちだ」。バラネツはそう迫ってきた。

「ソ連時代とは違う。われわれも政府を批判しないわけじゃない。軍の給料の安さ、住居の劣悪さ、そういうことは書いてきた」。69歳の元ソ連軍人で、ロシア報道界の重鎮。ロシアによるクリミア半島の一方的編入につなげた「ロシア軍特殊部隊の活躍」について本を執筆中という。

「私はウクライナの人間だ。（東部の）ハリコフ州に生まれた」。冗舌だったバラネッツの表情がそう明かしたときだけ曇った。プーチン支持のバラネッツは自らのペンゆえに、両国の確執の板挟みになった。「かつてのクラスメートで、いま話ができるのは1人だけ。こんなことになり…。私にとっての悲劇だ」

殺害されたノーバヤ・ガゼータ紙の記者、アンナ・ポリトコフスカヤの墓に置かれた遺影＝モスクワ（撮影・伊藤智昭）

▽**希望をつなぐ**

ノーバヤ紙編集長で54歳のドミトリー・ムラトフは未来に希望をつなぐ。「われわれは少数派だと認識している。だが、その少数派はロシア人口の少なくとも1割、1500万人はいる」

「真実を調べようとする若い世代が育ってきている。ネット版の読者は特に若い。政権のプロパガンダも抗生物質と同じように繰り返し使えば効かなくなる」

ポリトコフスカヤ殺害後「ノーバヤ廃刊を提案したが、記者らの反対で撤回した」とムラトフは明かした。創刊からノーバヤ一筋。「22年やってきた。やめるにはもう遅すぎる」。ほほ笑みながらそう言った。

★大海の一滴★

世界最大の国土と約1億4千万の人口を抱えるロシアで、27万部のノーバヤ・ガゼータの影響力は実際のところ「大海の一滴」にすぎない。「新聞を買ってまで暗い話は読みたくない」という感想も聞いた。

それを見透かすように、ロシアのテレビではクリミア、ウクライナ東部、シリアでの「勝利」が宣伝されている。米国と並ぶ超大国だったソ連が崩壊してから四半世紀が過ぎた今、愛国心をあおり、庶民の鬱屈を解き放ったプーチン政権への支持は強い。

それでも２０１６年２月、モスクワのリベラル派デモには数万人が集まった。先頭でスローガンを叫ぶ野党勢力の後ろを市民の列が無言で続く。「ここに良心がある」とカヌイギン記者。書き続けることで社会は変わると信じている。

小泉忠之＝２０１６年４月20日

■対テロ戦争のはざまで■

虐殺を発信し続けた79日

何人ものうめき声がファイサル・サルユルドゥズの耳にこびり付いている。「水、水を」。トルコ南東部ジズレで、トルコ治安部隊に包囲された建物の地下室と電話でつながるたびに聞こえた、助けを求める声だ。

少数民族クルド人の町は2015年12月から、武装勢力クルド労働者党（PKK）掃討の名目で治安部隊に79日間封鎖され、市民らが激しい攻撃を受けた。国会議員のファイサルは、現場から人道危機をツイッターで発信し続けた。13万人がフォローしたが、難民問題や過激派組織「イスラム国」（IS）との戦いでトルコ政府の協力を必要とする国際社会は沈黙した。

対テロ戦争のはざまに埋没した人々に助けは来なかった。乳児を含む250人余りが死亡。うち地下室に逃げ込んだ130人以上が治安部隊の火で焼かれた。

▽包囲されて

41歳のファイサルは、ジズレの裕福な大家族で育った。幼い頃からトルコ政府によるクルド人弾圧を見てきた。2009年、市議会議員に当選したものの「テロ組織幹部」容疑で逮捕。未決のま

130人以上が殺害された地下室の跡地で遊ぶ子どもたち。トルコ治安部隊は2016年3月末、地下室があった3棟の建物を破壊した。住民らは「遺体の一部が、がれきごと川に捨てられた」と話した＝トルコ南東部ジズレ（撮影・高橋邦典）

ま獄中から11年の総選挙に立候補し当選する。2年半後に釈放され、15年の総選挙でクルド系の国民民主主義党（ＨＤＰ）議員となった。

15年7月、トルコ政府とＰＫＫが進めていた和平交渉が決裂し、両者の報復が激化。クルド人居住地域の南東部で市長ら多数がＰＫＫとの関係を疑われ逮捕された。ジズレでは9月に外出禁止令が出され、当局は射殺した子供を含む20人を「テロリスト」と発表した。

12月上旬。教育省がジズレに配属した教員に首都アンカラに行くよう指示した。悪い予感がし、ファイサルはツイッターで注意を呼び掛けた。同14日からの外出禁止令が発表され、ファイサルは故郷へ急いだ。町は1万人の治安部隊と多数の装甲車、戦車に包囲されている。武器を携えた若者もいたが、町に残った市民2万人は非武装だった。「人間の盾になる」とバスで到着したばかりの大学生50人もいた。

▽白旗に銃撃

民家への絶え間ない砲撃やスナイパーの銃撃で、死者、負傷者が続出した。だが救急車は警察の許可がなければ出動できず、遺体は埋葬できない。ファイサルは市役所に詰め、ツイッターに状況を送り続けた。

「今日、卑劣な殺りく者の顔に直面した」。2016年1月20日。白旗を掲げ、遺体回収と負傷者搬送をしていたファイサルら約30人に治安部隊が発砲。市民2人が死亡し、地元テレビカメラマンら10人が負傷した。これを半国営のアナトリア通信は「交戦でテロリストが負傷」と報道。ファイサルのツイートは怒りに満ちる。「(真実に)沈黙する者も恥の中で生きていくことになる」

砲撃は、若者らが「自衛のため」とつくったバリケードがある地区に集中した。頑丈な三つの建物の地下室に人々が逃げ込んだ。

「大学生が重傷だ」。地下室の人々からの連絡にファイサルが救急車を要請すると、治安部隊が向かい、その建物に砲撃を加えた。

地下室の数人が携帯電話でクルド系テレビに出演し切々と訴えた。瀕死の子、血と遺体、絶えた飲み水、われわれは戦闘員ではない—。

だがトルコの大統領エルドアンは「地下室に負傷者などいない」と公言した。ファイサルは、負傷者の写真を送らせツイートした。学生や少女、記者ら地下室にいる多くは知り合いだった。

欧州議会や国連に出した手紙にも反応がない。絶望と闘いながら地下室からの言葉をツイートし続けた。「水を」「息が苦しい」「お父さん、私を離さないで、と横にいる重傷の子がうめく」―。

「あの痛みに満ちた日々、ツイッターで政府に反論することで私はなんとか息をしていた」とファイサルは振り返る。

▽残虐性の芽

治安部隊は2月中旬までに、三つの地下室を特定し攻撃、火を放った。各地下室からの最後の声や悲鳴がテレビ局やHDP議員らに録音されている。「虐殺が起きていると私は叫んできた。だが世界は沈黙している」。48歳のメフメト・トゥンチュは2月7日、地下室から携帯電話を通じテレビで訴えた。数時間後、大音響が響きメフメトがいた建物は爆破された。

地下室跡からは、数百の黒い袋が運び出された。頭部や腕など炭化した遺体だ。治安当局は「655人のPKK戦闘員を殺害した」と発表した。ファイサルには武器運搬などの容疑がかけられた。

「人間があれほど残虐になれることに人間として深く傷ついた」。ファイサルは滞在中の欧州で語る。残虐性は人の深層に潜み、機会あれば芽を出す。悲しいのは、自由を求める側も同じ残酷さで対抗する可能性があることだ。そして自分にも怒りを感じる。「残虐性の芽は私の中にもあるはずだから」

言葉に表現しきれない思いが、誠実な目に交錯した。

★国連調査も拒否★

国家を持たない世界最大の民族とされるクルド人は、トルコやイラン、シリア、イラクなどに住み、総人口は2千万～3千万人。トルコ治安部隊の「掃討作戦」はクルド人が多い南東部の数都市で行われた。

背景には隣国シリア北部で、米国が過激派組織「イスラム国」（ＩＳ）をたたくために支援したクルド人組織の勢力拡大がある。この組織はトルコの分離独立派クルド労働者党（ＰＫＫ）と連携、トルコでの自治要求の高まりや、総選挙でクルド系政党の躍進につながったと、エルドアン政権に脅威に映った。

ファイサルは6月、ドイツの法律家らと共にエルドアン大統領らを戦争犯罪などでドイツ連邦検察庁に告訴した。だが、トルコ政府は国連などによる現地調査すら許可していない。

舟越美夏＝２０１６年8月17日

■対テロ戦争のはざまで■

母の目前、息子は殺された

がれきの中でスカーフ姿の女性がむせぶように歌っている。「また市民が焼かれた／愛する人の魂を心から引き離せるものか／ああ盲目になりたい／神よ、私はもう死んだのです」

トルコ南東部の少数民族クルド人の町ジズレ。分離独立を求める武装勢力クルド労働者党（PKK）との「対テロ戦争」名目で、トルコ治安部隊が2015年末から封鎖し攻撃、市民ら約250人が死亡した。うち130人以上は地下室に逃げた若者や負傷者だった。

地下室の息子らを救おうと、母親たちは白旗を掲げスナイパーが銃口を向ける通りを進んだ。必死の訴えにもかかわらず、母親たちの目の前で地下室は砲撃され、火を放たれた。

女性が歌う姿は、地元テレビ局のツイッターで広がった。

▽けが人を救おうと

ジズレの気温は16年6月下旬、40度を超えた。警察の二重の検問を通り抜け町に入ると、砲撃で崩れかけた建物が並ぶ。警察の装甲車や大型バンが市内を巡回する。「トルコは分割できない」。崩壊した家屋の壁に治安部隊のメッセージがある。

町の中心部に空き地が広がる。作戦終了後の3月、治安部隊がブルドーザーで建物を壊し地下室

トルコ治安部隊に殺害された長男メフメトと三男オルハンについて話すエスメル・トゥンチュ。メフメトはクルド系政党の支部長を務めるなど市民の信頼が厚かった＝トルコ南東部ジズレ（撮影・高橋邦典）

を埋めた。エスメル・トゥンチュの48歳の長男メフメトと、20歳の三男オルハンがここで殺害された。「息子たちはけが人を救おうとしたのよ」。エスメルは、口を開いた夫を制し話しだす。たっぷりした体にくるぶしまでのワンピース。時に、体中で笑う60代のエスメルは一家の中心だ。

15年12月上旬、町の周辺に戦車や警察車両が集結した時、多数の住民が町から避難した。ジズレの住民の多くは１９９０年代、軍とＰＫＫの戦闘で住んでいた村を焼かれ、この町へ移住してきた。「今度は家を守る」とエスメル一家は残った。

外出禁止令が始まった12月14日深夜、予告なく砲撃は始まった。「人間の盾になる」と国内各地から来た学生約50人が、激しい攻撃に逃げ惑う。自治組織の代表で住民の信頼が厚かったメフメトは、重傷者が出たとの情報で現場に出向いた。オルハンも兄を追った。

母はメフメトの所在をクルド系テレビで知った。「負傷者は戦闘員ではない。薬も水もない」。メフメトが、携帯電話で地下室から救出を訴えていた。オルハンは母への電話で、足を負傷し兄とは別の地下室に逃げ込んだと告げた。

▽「迎えにきた」

「息子たちを救出する」。エスメルは一人で白旗を掲げ、通りに出た。スナイパーに射殺された人がいたことは知っている。地下室まで数百メートル。だが途中で治安部隊に遮られた。市役所に行くと、同じ立場の女性たちが20人ほどいた。

市役所に詰めていた国民民主主義党（ＨＤＰ）議員ファイサル・サルユルドゥズの訴えで、欧州人権裁判所と国際人権団体が、地下室の負傷者搬出を政府に呼び掛けた。クルド系政党や宗教団体などが各地で抗議デモやハンストを行う。だが事態は変わらない。

「なんとかして連れ出したい」。エスメルら母親は集団で白旗を掲げ、地下室への道を歩いた。スナイパーが見えた。わが子から１００メートルまでに迫る。「迎えに来た」と叫んだ。だが治安部隊に拘束され、一晩留置された。

母親たちはその後も、地下室接近を試みた。「みんなで通りに出て叫んだら救えたかもしれない。でもみんな怖がっていた」とエスメルは言う。

気丈なエスメルは息子たちの最期を語った時だけ声を詰まらせた。「自分たちの遺体を検視して、どんな武器が使われたか調べてくれ」という長男の言葉をテレビで聞いた。「ガソリンを投げ入れられた」。三男の叫びが耳に残っている。息子がいる建物が爆破された振動を体が覚えている。

▽湧き出る歌

3月初旬、「DNA鑑定で判明した」と病院から二つの黒い袋を渡された。黒焦げの遺体の一部が入っていた。「『手』を見て、メフメトだと思った。話す時のしぐさの形だったもの」。オルハンの体には33発の弾痕があった。「死んでも自由のための闘いは終わらない、と息子は言った」とエスメルはつぶやく。

がれきの中で歌っていた女性を探し出した。56歳のマクブレ・オルグ。避難先から戻った際、崩壊した自宅の近くに子らの遺品をがれきの中に探す母親らがいた。「血がついたシャツを見た時、歌が湧き出た」という。「悲しみも喜びも歌で伝える。伝統よ」。

マクブレと空き地を訪れた。彼女はまた歌を口ずさむ。

「何をしている」。どこからか車が現れ、ライフル銃を持った3人の男を従えた制服の警察官が降りてきた。

マクブレは警察官に近づき、土をつかんだ右手を差し出した。「あなた方が家と町を破壊しても、この土は私たちのもの。クルド人は消せない」。詰め寄るマクブレを警察官はただ見つめていた。クルド語を、4人は理解できなかった。

★子どもたちの記憶★

「あんなにひどい状態の市民の遺体は見たことがなかった」。治安部隊に命じられ地下室の遺体搬出を担当した40代の男性は言った。「今でも気持ちが不安定だ」。治安部隊側にはアラビア語を話す長いあごひげの外国人もいたという。

子どもたちにも過酷な経験だった。砲撃で崩れた自宅を見に来た一家の幼い息子は終始、無表情だった。「子どもがしばらく話せなくなった」と打ち明けた父親もいた。絶え間ない銃声と惨劇は子どもたちの将来にどう影響するのだろう。

ジズレはクルド系政党の支持率が高く、トルコ政府や欧米諸国が「テロ組織」とする武装組織クルド労働者党（ＰＫＫ）のシンパも多いとされる。国際人権団体アムネスティ・インターナショナルは掃討作戦を「集団処罰」と表現した。

舟越美夏＝２０１６年８月24日

■対テロ戦争のはざまで■

唯一のカメラ、だから残る

激痛が全身を貫き地面に倒れた。悲鳴と銃声、流れる血。動かなくなる男たち。痛みに耐えながらビデオカメラを構えた。「世界はこの現実を見るべきだ」。イスラム教の礼拝の時を告げるアザーンが流れていた。

武装勢力クルド労働者党（ＰＫＫ）掃討の名目で、トルコ治安部隊が封鎖した南東部ジズレ。２０１６年1月、白旗を掲げた野党国会議員と市民ら約30人を治安部隊が銃撃し12人が死傷した。同行したトルコの独立系テレビＩＭＣのカメラマン、レフィク・テキンは右足を撃ち抜かれながら撮影を続けた。映像は「交戦でテロリストが死傷」との当局発表を覆し、市民が犠牲になる「対テロ戦争」の実像を伝えた。

傷の完治していない33歳のレフィクが、取材拠点の南東部ディヤルバクルで語った。

▽あおむけでカメラを

「相当やばい。戻れ」。15年12月14日早朝、ジズレ入りした僕と女性記者に上司が言った。町の周囲に多数の戦車や装甲車、兵士が集結していると伝えた時だ。映像カメラマンはほかにいない。「残る」と伝えた。以前、外出禁止令が発令中、当局は射殺した市民約20人を「テロリスト」と発表した。映像がなかったからだ。

当局は、封鎖した町で起きている事を外部に知られたくない。僕らは邪魔な存在で、逮捕されかねない。町に残った野党国会議員ファイサル・サルユルドゥズの協力を得ながら取材した。

白旗を掲げて戸外に出た直後、射殺された12歳の少女。おばの腕の中で被弾した乳児。「助けて」という電話の叫び。24時間、砲弾と銃の音にさらされる人々の、目の奥にある途方に暮れた表情。一生忘れないだろう。

16年1月20日午前。ファイサルが市民約30人と決行した遺体回収と負傷者搬送に同行した。年配の女性が白旗を掲げ先頭に立った。

遺体を荷台に乗せ大通りを渡る一行を撮影していた時だ。１００メートルほど向こうの治安部隊が威嚇射撃した。「落ち着いて」。誰かが言った直後、銃撃が始まった。右のすねに被弾した時、何を叫んだか覚えていない。近くの店の軒下まではった。男たちの血が地面を流れ、空の車椅子がゆっくりと視界を横切った。

ビデオカメラに左手を伸ばしたが、体を貫く痛みで持てず両手で支えた。生きていると気付かれないようあおむけのままでカメラを回した。静寂の中、銃声だけが響いていた。

▽テロリストめ

「レフィク!」。ファイサルたちが駆けて来た。救急車に乗る前、カメラを泣き叫ぶ女性記者に託した。

だが車が止まったのは治安統括の部署。兵士たちが僕らを引きずり降ろし、殴る蹴るの暴行を加え出した。「トルコの本当の力を思い知らせてやる」「おまえら全員、テロリストだ」。「僕は記者だ」と叫んだが記者証をむしり取られた。

殺されるかもしれない。車に戻された時は覚悟した。今度は病院に到着したが、多数の兵士が待ち構え「テロリストめ」と携帯電話で写真を撮り、集団で暴行した。

その時の気持ちは言葉を尽くしても説明できない。僕には殺されるよりたまらないことだった。銃撃の痛みなんて、取るに足りなかった。

約150キロ離れた町マルディンに搬送され手術を受けた。病室の外に警官がいて、テロ容疑で拘束されると言われた。

数日は心身の痛みだけだった。5日目、看病していた兄が言った。「ファイサルが何度も電話してきたよ」。初めて誰かと話したいと思った。

「君の映像のおかげで、ジズレで起きていることが人々に知られた。ありがとう」。電話の向こう

2016年1月20日、治安部隊が市民を銃撃した時の映像。（上から）白旗を掲げ大通りを渡る市民、銃撃で走りだす男性（この直後にレフィク・テキンは被弾した）、柱の陰に隠れる男性（レンズには血が飛び散っている）、倒れた負傷者＝トルコ南東部ジズレ（ユーチューブから）

愛用のデジタルビデオカメラをのぞくレフィク・テキン。記者らの逮捕が続く中、2016年8月に開かれたトルコ記者協会の授賞式では「報道は犯罪ではない」とプリントしたTシャツで出席した＝トルコ南東部ディヤルバクル（撮影・高橋邦典）

のファイサルの言葉で銃撃場面のテレビ放映を知った。銃撃の後、カメラを託した女性記者は民家に隠れ、翌日ネットがある家から映像をイスタンブールの本社に送った。映像のおかげで拘束を免れた。

▽「**目撃者**」

治安部隊の攻撃により、ジズレの地下室で１３０人以上が殺されたことは入院中に知った。政府は良心をなくした兵士を後押しし、難民問題と過激派組織イスラム国（ＩＳ）掃討のカードで国際社会を黙らせた。自分を人間だと思う人も、その良心を疑ってみる必要がある。なぜあれを止められなかったのかと。

トルコでは今、政権が望む報道だけが許される。現場で、政府系や大手メディアの取材を何度も見た。防弾チョッキとヘルメット姿で装甲車に乗り、治安部隊が発砲する場面を撮影し戻って行く。政府の求める戦争を、政府の支援を得ながら報じる。戦争を通じて、政府は望む政治を可能にする。「戦争の最初の犠牲者は真実」。この有名な言葉を実体験した。

市民は事実を知る権利がある。その権利のために僕らは仕事をするのだと思う。

ジズレ取材でこのビデオカメラは僕の一部になった。他の記者は触らない。カメラが僕の現場復帰を待っている。名前？「シャーヒド」（目撃者）かな。

★メディア弾圧★

レフィクは、トルコとイラク、イランが国境を接する村で生まれた。高校に通った町の写真館でカメラを借り、小遣い稼ぎに写真を撮ったのが出発点だ。現在はビデオと写真の両方で取材する。

２０１５年、トルコ・シリア国境を越境する過激派「イスラム国」（ＩＳ）の映像で国内の賞を受賞。ジズレの銃撃などの映像で16年8月、トルコ記者協会から「報道の自由賞」を贈られた。「起きている悲劇を世界に伝える。それが報道カメラマンの任務」。現場で本当に闘った者だけが持つ響きが口調にあった。戦場カメラマンのロバート・キャパと「少女とハゲワシ」の写真で論議を呼んだケビン・カーターが好きという。

トルコ当局は16年7月のクーデター未遂で非常事態を宣言後、メディア弾圧をさらに強めている。反政府系とされた約１３０社が閉鎖を命じられ、１００人近い記者らに拘束命令が出た。さらに、ＩＭＣテレビを生放送中に突然閉鎖。クルド系メディアの徹底弾圧を始め、子ども向けアニメをクルド語で放映する局を含む20を超すメディアが閉鎖された。

舟越美夏＝２０１６年8月31日

■歴史の目撃者■

独裁最後の日、新聞は

チュニジアの首都チュニス中心部にあるフランス語紙ラプレス・ド・チュニジの編集局は、人いきれでむっとしていた。2011年1月13日夜。大勢の記者がテレビ画面にくぎ付けだった。同国を23年間強権支配するベンアリ大統領が、3年後の引退や民主化を約束する演説を行っている。

前年12月、失業中の若者が抗議の焼身自殺を図ったことを契機にデモが全土に拡大。失業対策要求は政権批判に変質し、大統領は自ら混乱の収束に乗り出していた。「私は諸君を理解した」―。

「演説に編集局のほぼ全員が感動の涙を浮かべた」と社長のマンスール・メンニは翌日付の1面社説に書く。さらに「チュニジアは歴史の新たなページを書き、ベンアリは歴史に新たな勝利を記した」と論じた。

メンニの社説は半分だけ当たった。翌14日「ジャスミン革命」は成就し、同国は民主化へと歴史的な一歩を踏み出す。だがそれは、ベンアリが国外逃亡し、独裁政権が崩壊したためだった。

▽社長解任

「あのような形で政権が崩壊するとは、全く予測していなかった」

５年後の15年10月、チュニスのホテルでメンニは社説が誤りだったと認めた。「あのころ社説は読者に向けて書くものではなかった。大統領に向けたものだった」

65歳のメンニは多才な男だ。詩人であり小説も書く。50代半ばで新たな恋愛小説に着手したが、07年に公共ラジオ社長に任命され中断。09年、ラプレス紙社長になった。

政権崩壊直後の11年1月17日、メンニは経営と編集の分離を決めた。それまで独裁政権は、社長のメンニを通じて編集に介入していたが、以後メンニは経営に専念する。

だが革命後の暫定政府は決定に難色を示した。抵抗すると21日、メンニの携帯電話が鳴った。政府の報道担当だった。

「国際サービス局長が新社長に昇格する」。事実上の解任通告。「まあ必然的成り行きだった」とメンニは振り返る。

しばらくは途方に暮れていた。最初に取り組んだのは中断していた恋愛小説の執筆再開だった。小説「千夜のその夜、あるいは首つり人の王」は12年に出版される。

▽写真を小さく

ラプレス紙編集局長のジャオハル・シャティは1月13日の大統領演説を別の思いで聞いていた。デモの激化以来５日間、社に泊まり込んでいた。

「大統領が失地回復を図っていることは分かった。だが、もはや遅すぎると感じた」

痩身。めがねの奥の眼光が鋭い。49歳で副社長も兼務するシャティは当時、これを何とか表現し

チュニジアのフランス語紙「ラプレス・ド・チュニジ」元社長のマンスール・メンニ。写真撮影を頼むと、ベンアリ大統領の演説を報じた2011年1月14日付同紙の紙面をひっくり返してポーズをとった＝チュニス（撮影・遠藤弘太）

たいと考えた。言論統制下、直接書くことはできない。そこで写真を工夫した。普段ベンアリ大統領の写真は1面4段で大きく掲載される。シャティは14日付の写真を極力小さくした。しかも大群衆の写真の片隅に。逃亡後の15日付からベンアリの写真は消える。「われわれは未来を先取りした」とシャティは胸を張った。

では、なぜベンアリの勝利を予測したメンニの社説を載せたのか。載せれば写真の工夫も台無しだ。

「確かに同意できない内容だった」。だが迷った。政権崩壊が決まったわけではない。それに「私は社長を尊敬していた。メンニはラプレス紙のために素晴らしい仕事をした」。結局社説に手を入れることはできず、そのまま掲載された。

▽**部数減**

革命後、同国メディアは自由を満喫した。だがそれはラプレス紙の危機の始まりでもあった。「報道の自由度は（革命前と）比較にならない」と首相府報道担当のダフェル・ネジは認める。ネジによれば、革命前すべてのメディアは政府の統制下に置かれた。検閲も常態化し、従わないメディアには広告を回さなかった。広告は政府の独占事業であり、締め上げるのは簡単だった。「人事を含めほかにも多くの制裁方法があった」

一方で、統制は新たな新聞の参入を阻み、既存紙にとっては防護柵でもあった。革命後、このたがが外れると同国の新聞は約15紙から約80紙に大きく増える。ライバルの増加で、ラプレス紙も5万5千部から3万部に激減した。

「わが社は現在、大きな危機にある」とシャティは率直に認めた。フランス領時代の1936年に創刊し、チュニス駐在外交官の必読紙との信頼を誇るラプレス紙も新聞の爆発的増加と淘汰の過程にもまれている。

「過剰な自由と（報道に携わる）責任感の欠如。これが現状だ」とシャティは憤る。不確かな情報で無責任に書き飛ばす新興紙が多すぎるという。「問題は記事の質だ。優れた記者を育成しなければならない。それだけが新聞の資産だ」

まるで日本や欧米メディア幹部の言葉のようだった。同時に気付いた。この意識変化こそが、メディアが統制を解かれた証左なのかもしれないと。

★私は理解した★

２０１１年、チュニジアのベンアリ政権崩壊を取材した際に、空港で1月14日付のラプレス・ド・チュニジ紙を拾った。今回の取材の発端だ。

１面の見出しは「私は諸君を理解した」。13日のベンアリ演説の言葉だが、これはアルジェリア戦争中の１９５８年、フランスのドゴール首相（後の大統領）がアルジェリア総督府から群衆に叫んだせりふの引用だ。当時群衆はこの言葉に熱狂した。だが、ベンアリに起死回生はなかった。

旧体制最後の紙面がどのように作られたか、当時の幹部たちは率直に語ってくれたと思う。革命は旧体制の指導層を一掃する。だが、能力ある人物は革命後も再登板を求められる。ラプレス紙社長を解任されたマンスール・メンニは現在、大学教授となりフランス文学を教えている。

軍司泰史＝２０１６年2月17日

■歴史の目撃者■

投獄から再起した報道人

強い日差しの下、中古の日本車が渋滞の長い列をつくる。ミャンマーの最大都市ヤンゴン。週刊誌「フロンティア・ミャンマー」の最高経営責任者（ＣＥＯ）ミャット・スエ（通称サニー）は、雑居ビルにある編集部から車列に目をやりながら、ひっきりなしに入る電話に応対していた。「申し訳ないが、訂正はできない」。記事で取り上げた軍出身の前閣僚が、内容に不満をぶちまけている。電話を切ると「一昔前なら、訂正に応じなければ発禁だよ」とため息交じりに笑った。

軍事政権下で閉ざされていたミャンマーは、この5年で別の国になった。２０１１年の民政移管後、日本を含む外国企業は未開の市場に相次いで進出。長く自宅軟禁下にあったアウン・サン・スー・チーが、与党党首となって２０１６年春発足の新政権の実権を握る。厳しい検閲下にあったメディアも大きな自由を手にした。

▽権力とのパイプ

46歳のサニーは「小さいころ、新聞記事は政府の宣伝ばかり。ニュースは、そういうものだと思っていた」と振り返る。ネ・ウィン将軍がクーデターで権力を握った１９６２年以降、メディア規制が強化され、77年には全ての出版物が事前検閲の対象になった。軍政は意に沿わない報道を封じ込め、「国民を世界から隔絶しようとした」。

自国メディアへの失望が決定的になったのは、89年に渡米したときのことだ。「報道の自由。人々はそれによって得た情報に基づいて議論を交わしていた」。ミャンマーでは議論のよりどころとなる確たる報道がない。うわさ話が中心になり、疑心暗鬼がさらに人々の目を曇らせた。

軍政は、反政府の言説を広める者を次々に投獄した。「思うことを口にできず、支配層も固定したまま。人生は、何をするかではなく、誰を知っているかに左右された」。隣人とのもめ事の解決からビジネスまで、軍政とのパイプがものを言う。その恩恵を受けたのは、サニー自身でもある。

軍情報局の高官だった父の人脈により、起業志向のサニーはチャンスに恵まれた。新聞社の経営に興味を持ち、オーストラリア人のパートナーと英字週刊紙「ミャンマー・タイムズ」を2000年に創刊。「創刊準備中、『できるだけ発行を急いでほしい』と電話があった」

▽便宜と転落と

依頼主は、父の上司で後に首相となった軍政実力者のキン・ニュン。軍政はスー・チーと対立して欧米などから批判され、対外的な宣伝道具として英字紙を必要とした。国際基準の新聞を目指したサニーと軍政の思惑が重なる。検閲も免除され、軍情報局が内容にお墨付きを与えるとされた。

政府当局への取材も軍情報局が便宜を図り、01年にはビルマ語版も発行して部数を伸ばした。若きサニーの名は各界に知れ渡る。同業者は特権を与えられたミャンマー・タイムズを「軍政の手先」

ミャンマーの最大都市ヤンゴンの中心部、スーレ・パゴダ（仏塔）の前に立つ、週刊誌「フロンティア・ミャンマー」のCEOミャット・スエ。軍事政権下で閉ざされていたミャンマーはこの5年で別の国になった（撮影・高橋邦典）

と批判したが、「違う。報道の自由に一歩でも近づこうと、口出ししてくる軍政を説得する日々だった」と反論する。

転落は突然訪れた。04年、首相となっていたキン・ニュンが軍政内の権力闘争で更迭されると、一派とみなされた父とともにサニーも拘束された。検閲を経ずに新聞を刊行したとして有罪判決を受け、8年半にわたり投獄された。

刑務所がある北東部シャン州は、ヘロインやアヘンの原料となるケシの世界有数の栽培地だ。獄中で出会った麻薬密売人もケシ栽培が家業。彼らはそれが悪いことだと思っていなかった。「当たり前の情報が、伝わっていない。自分の仕事は十分だったのか」。サニーはメディア業界でやり直す決意を固めた。釈放は43歳の春だった。

▽世界観に自信

民政移管で誕生したテイン・セイン政権は12年、事前検閲を廃止。13年には国営が独占してきた日刊紙の発行を民間にも認めた。出所したサニーは、ミャンマー・タイムズの経営権買い戻しが不調に終わると、15年6月にフロンティアを創刊。ミャンマー・タイムズ時代の部下たちも付いてきた。不偏不党を掲げ、政治、経済、社会、文化と幅広く取り上げる。

メディアは息苦しさから解放された一方で、激しい競争にさらされる。民間日刊紙は早くも淘汰が進み、20紙以上から7～8紙となった。インターネットの普及で雑誌も苦戦が続き、休刊してウェブサイト版に切り替える有力誌もある。交流サイトも花盛りで、スー・チーから国軍総司令官まで、こぞってフェイスブックで情報発信する。

情報の受け手である国民は、変わったのか。「制度を変更し、技術が発達しても、人はなかなか変われない」。サニーは続ける。「ただ隠蔽や不確かさに惑うことは少なくなった。自分の世界観に、自信を持てるのは素晴らしいことだ」。満足そうにうなずいた。

★リテラシー★

2007年、軍事政権下のヤンゴンを訪れた。街頭で市民に取材したが、一様に口は重い。取材に応じるだけで当局に目を付けられ、返答内容によっては拘束されるからだ。自由に意見を言えない彼らは、人目を気にしながら困惑の笑みを浮かべていた。

民政移管後の13年に再訪すると、言論の自由を肌身で感じることができた。人々は心からの笑顔で取材に応じ、そして堂々と政府を批判した。重苦しい空気が払われ、街の色合いまで明るく変わったように思えた。

出版、放送、インターネットが同時に発達し、情報量は一気に増えた。今後の鍵はメディアリテラシーだろう。交流サイトで広まったデマを多くの市民が信じ込み、過剰反応するケースも。メディアの発達は、情報を読み解く力を要求する。

田島秀則＝２０１６年３月９日

■歴史の目撃者■

ユダヤ文化の離れ小島で

駅、郵便局、道路名の表示に見慣れない文字が並んでいる。１９９３年、ロシア極東の炭鉱村から、進学のため１００キロ離れたビロビジャンに出てきた17歳の少女エレナ・サラシェフスカヤは、驚いて目を凝らした。

ビロビジャンは、ユダヤ人国家イスラエルの建国（48年）に先立つ34年、ソ連の独裁者スターリンが設けたユダヤ自治州の州都。数百万のユダヤ人を欧州部に抱えたソ連は、祖国なき民の〝故郷〟

として移住を促し、48年にはユダヤ人約3万人が生活していた。

自治州は中国と境を接する。スターリンがこの地にユダヤ人を集めたのは、32年の満州国の建設など、中国で勢力を伸ばす日本に対する〝防波堤〟にする意図があったとの指摘も。41年には駐リトアニア日本領事代理、杉原千畝が発給した「命のビザ」を手にした約6千人のユダヤ人が、ビロビジャン駅を通り過ぎていった。

91年のソ連崩壊後、自治州のユダヤ人の大半はイスラエルなどに去ったが、ユダヤ文化の「離れ小島」を極東に残す。エレナが見たのは東欧ユダヤ人の母語、イディッシュ語だった。

▽悲劇の言語

イディッシュ語は、ナチスによるユダヤ人大量虐殺の犠牲者の言葉だ。600万人中、500万人が話者だったとされる。ドイツ語に近いが、イスラエルの公用語へブライ語同様、右から左へとつづる独自文字を使う。エレナは大学で第2外国語に選び、打ち込んだ。

話者が消えゆく言葉、悲劇の言語になぜ引かれたのか。「悲しむこと。愛すること。この二つはよく似た感情なのよ」

99年、エレナに「ビロビジャネール・シュテルンで働きませんか」との勧誘があった。「ビロビジャンの星」を意味するイディッシュ語新聞からだった。

創刊は30年。70年代は1万2千部を刷ったが、ソ連崩壊後、ユダヤ人読者が流出。ロシア語ページを増やしてイディッシュ語を減らし、2、3日おきの発行とするなど悪戦苦闘を続けていた。

「運命を感じた」。エレナは同紙に飛び込む。ユダヤの年中行事や言語教育の取材のほか、イディッシュ語文献を発掘する日々が始まった。

ある日、古文書庫で、米国のイディッシュ語紙記者が32年に書いたビロビジャンのルポを見つけた。入植者が荒野を切り開いて家を建て、ユダヤの祝祭を宗教色抜きで行ったことなどがつづられていた。だが、送られてきた掲載紙に読まれた形跡がほとんどない。「米紙を読めばスパイと疑われるから、誰も触らなかったのでしょう」

この話は続きがあった。30年代にビロビジャンに持ち込まれたユダヤの宗教用具が、近年見つかったのだ。無神論国家ソ連を生き抜いた入植者は、ユダヤ教をひそかに守っていた―。これも新たなニュースになった。

▽先人への思い

エレナは2011年、編集長に就任した。しかしイディッシュ語ライターが相次いで去り、エレナ一人だけに。「月に1万2千ルーブル（約2万円）しか払えなかった。仕方ない」。現在はロシア語版と合わせ計6人だ。

16年からは週刊紙になった。イディッシュ語は16ページ中1、2ページ。自治州の補助金などで1600部を刷る。

自治州の人口17万人弱のうち、ユダヤ人は約1600人。スターリンは「諸民族の平等」を強調する一方、ユダヤ人を警戒し知識人らを投獄した。50年代にはイディッシュ語学校を閉鎖した。

シナゴーグ（ユダヤ教会堂）で行われるイディッシュ語の授業で「ビロビジャネール・シュテルン」紙を紹介するエレナ・サラシェフスカヤ（左）。「子供たちに興味を持ってもらうことはとても重要」と話す。新聞製作の合間にこうした授業や教科書作りなど、次世代への言語継承にも取り組む＝ロシア・ビロビジャン（撮影・山下和彦）

弾圧を恐れる多くのユダヤ人は家でロシア語を話し、子供に母語を伝えなかった。今やビロビジャンでイディッシュ語が話せるのは「10人前後」。国連教育科学文化機関（ユネスコ）はイディッシュ語を消滅危険言語のリストに入れている。

しかし、極東の荒野を豊かな土地に変えた先人への感謝が、エレナを新聞発行に駆り立てる。言語を残し、記憶を発掘し、未来へ伝えたい―。

▽奇跡夢見て

インターネット版の開始は、シュテルン紙に新たな命を吹き込んだ。各国に離散したイディッシュ語話者や研究者らも読み始めたのだ。

16年9月28日の紙面では、東京外国語大でイディッシュ語を教える東大研究員の鴨志田聡子を特集。「イディッシュ語には独特で豊かな文化と歴史がある」といった談話を紹介した。

「グートン・モルグン！」（おはよう）。子供たちの声が教室に響く。ユダヤ文化継承に力を入れるビロビジャン23番学校。小学3年相当のクラスで、27人が「あなたの名前は？」といったイディッシュ語の基礎を学習中だった。ロシア人が過半数。ユダヤ史や年中行事を示すポスターが壁を埋める。

イディッシュ語教育はソ連崩壊後、再開された。「言葉は私たちの誇り。新聞があり、昔話がある。文化や歴史はイディッシュ語で書かれている」と、同校教師タチヤナ・メサメドは話す。

もっとも新聞の将来は心もとない。「発行するだけで偉業ね」とエレナは冗談めかして笑う。ヘブライ語は2千年近く日常語として用いられていなかったが、20世紀に復活しイスラエルに根付いた。「ユダヤ史は不思議なことが多い。イディッシュ語も復活するかもしれないわよ」。エレナは奇跡を夢見つつ、今週も締め切りに追われている。

★灯火は消せない★

日本でも大ヒットしたミュージカル「屋根の上のバイオリン弾き」の原作はイディッシュ語で書かれた。文化を誇りに思い、言語再興を図る米国やイスラエルのイディッシュ語話者の活動は、近年拡充したビロビジャネール・シュテルン紙のネット版と響き合う。

ユダヤ自治州出身でイスラエルに住む女性が同紙にメールを送った。外国から約８００人が入植した自治州の村を巡る記事への指摘だ。ソ連政府が1935年ごろ、ソ連国籍取得を命じると、半数が逃亡し多数が逮捕されたとの話をネット版で読んだ女性は「不正確だ。外国人の多くは殺された」。同紙と女性側のやりとりで、殺された数百人の名前が判明した。

「世界中から情報が入り、大きな『絵』になる」とエレナ。だからこそ新聞の灯火は消せない。

小熊宏尚＝2016年11月16日

■　カメラは語る　■

難民の悲劇、世界を駆ける

砂浜に打ち寄せる波音がのどかに響く。エーゲ海に臨むトルコ南西部のリゾート地ボドルム。陽光の照り返しがきらめく海原の向こうに浮かぶ島影は、内戦下のシリアなどを逃れた難民や移民が目指す欧州の玄関口、ギリシャ東部コス島だ。

直線で約6キロ、フェリーで1時間ほどの距離だが、ビザ（査証）を持たない難民らは危険を承知で密航業者のゴムボートに乗り、対岸を目指す。だが時に波は荒く、転覆事故が後を絶たない。

2015年9月2日早朝。ボートが遭難し、溺れたシリア人の男児の遺体が浜辺に流れ着いた。この世の無残を全身で訴える小さな姿を地元の女性記者が撮影し、写真は世界を駆け巡った。それは人々の心を揺さぶり、各国の指導者たちを動かすうねりとして広がっていく。

▽記者3人の支局が

「あの日もよく晴れていた。だが風は強く、波も高かった」。12月中旬のある日、潮の香りが鼻をくすぐる浜辺で、地元タクシー運転手が約3カ月前の記憶をたぐった。

遭難したのはシリア北部から逃れてきた少数民族クルド人アブドラ・クルディと妻、幼い兄弟2

人の一家。未明に出航してまもなく転覆、ほかの難民たちと一緒に海に投げ出された。

明け方の波打ち際で、弟アランの小さな遺体をトルコ・ドアン通信のボドルム支局の女性記者ニリュフェル・デミルが見つけた。記者3人、見習い1人で地元一帯をカバーする支局の一員だ。10代後半で記者になり、キャリア約10年。記者仲間によると「もの静かなタイプ」という。この日は難民問題を長年追っている55歳の支局長ヤシャル・アンテルが不在で、代わりに未明から浜辺を警戒していた。

遺体を前にデミルは夢中でシャッターを切った。赤い半袖シャツを着てうつぶせに倒れた姿と、駆けつけた警官に抱きかかえられた姿。出張先のアンテルに電話で伝え、写真を送った。

▽「これは特別」

「遺体画像は原則、配信しない。だが届いた写真を見て『これは特別だ。訴える力が違う』と思った」とアンテル。急いでキャプションを付け、本社に送信した。「その時はここまで反響を呼ぶとは思わなかった」

「これが現実だ」「許し難い」――。英国やフランスなどの主要紙に大見出しが躍った。3歳の誕生日が間近だったというアランの写真は、国際通信社APの配信網に乗って2日中に世界各国のメディアに届き、多くが掲載に踏み切った。

欧州連合（EU）は当時、増え続ける難民らの受け入れをめぐってもめていた。この年の初めから8月末までに中東やアフリカなどから欧州入りした難民・移民は空前の50万人超。多くの国が警

2015年9月2日、トルコ・ボドルムの海岸に漂着した男児の遺体を調べる治安当局者。トルコ・ドアン通信の女性記者ニリュフェル・デミルが撮影したこの写真は、国際通信社の配信網に乗り世界各国のメディアに届き、多くが掲載に踏み切った（AP＝共同）

戒心を隠さなかった。

だが、高まった世論に押されて指導者たちは態度を一変させた。英国首相キャメロンは「深く心を動かされた」と述べ、シリアからの2万人の受け入れを発表。フランス大統領のオランドも、受け入れを加盟国で分担する制度の許容にかじを切り、EUは12万人を分担する決定にこぎ着ける。

騒ぎは現地でも広がった。「すぐにボドルムに行ってくれ」。41歳のフリー記者エンギン・バシュは、写真が流れた直後に英BBC放送の知人に協力を頼まれ、その日の夜に入った。ほかの大手メディアも続々到着し、「浜辺に記者たちが集結した」と振り返る。

▽競争と願いと

「いい写真だった。彼女がうらやましいよ」。28歳のアリ（仮名）と40歳のセルチュク・シムシェキは、リゾート客がすっかり消えた街の食堂で口をそろえた。２人とも地元テレビなどの記者。２年前から難民を取材している。「次は俺が撮る番だ」

ボドルムで難民の動きを追っているのは地元各社計６～７人。現場到着の早さでしのぎを削り、浜辺で張り込むほか、警察無線を傍受して情報をつかみ、カメラを手に夜中でも駆けつける。

突き動かすのは競争意識だけではない。「苦しむ難民を多く見てきて、同情もしている。溺れる人がもう出ないでほしい、問題解決につながってほしいと願いながら取材しているんだ」

だがシリア内戦が混迷を深める中、新天地を目指す難民の流れは途絶えず、欧州の受け入れ態勢の限界も再びあらわになった。密航ボートの遭難も続いている。

世界的スクープを放ったデミルは今、何を思うのか。写真を撮った直後に自社などのインタビューに「私が唯一できたのはアランの叫びを伝えること」と語ったが、その後は沈黙している。

人づてに携帯電話番号を聞き、かけてみた。何度目かにやっと出たデミルは「公の場に出るつもりはない。取材は受けない」ときっぱり言った。「取材して報じたら私の仕事は終わり。それ以上でも以下でもないの」。

★足で稼ぐ★

駆け出し記者だった20年近く前、支局でぐずぐずしていると決まってデスクに怒鳴られた。「そんなところにいてネタが取れるか。取材先を回ってこい！」

昔のことを思い出したのは、今回の写真を撮ったデミル記者の近況をアンテル支局長に尋ねた時、「相変わらず街を駆け回っているよ。支局にはほとんど顔を出さない」と聞かされたからだ。記者は足で稼ぐ。記事の端緒を探して街を歩き、人に会って話を聞き、事件が起きれば昼夜を問わず現場に向かう。原動力は社会を良くしたいという使命感だが、特ダネの功名心もある。そのことはいつの時代も変わらず、また洋の東西も問わないことを今回の取材であらためて感じた。言葉も文化も違う異国の同業者たちに、強い親近感を覚えた。

高橋伸輔＝２０１６年3月16日

■カメラは語る■

紛争カメラマンの苦悩

メーガン・カーターは幼心に、カメラマンの父ケビンが仕事の話をしようとして感情の高ぶりを抑えきれず、言葉に詰まることがあったのを覚えている。母が夕食にステーキを用意すると「飢え

1993年にケビン・カーターがスーダンで撮影した「少女とハゲワシ」。翌年に米ピュリツァー賞を受賞したが、ケビンは、受賞の２ヵ月後に33歳で、自ら命を絶った。（Ⓒ Kevin Carter/Sygma/Corbis/aman aimages）

に苦しむ人たちがいる。なぜ私たちだけ自分勝手になれるのか」と突然怒りだすこともあった。

取材対象が直面する厳しい現実と自分の私生活を切り分けられていないのは明らかだった。精神的に不安定になりやすく、メーガンの母は仕事を辞めて家族との時間を増やすように迫ったが、ケビンは拒否した。一人娘のメーガンは「父は写真に命を懸けるつもりでいた。ただ、強い人ではなかった」と振り返る。

ケビンは１９９０年代前半、民主化を前に混乱する南アフリカで、最大都市ヨハネスブルク近郊の黒人居住区に通い、反アパルトヘイト（人種隔離）闘争を写真に収めた。さらに世界にその名を広めたのは内戦下のスーダン（現・南スーダン）のアヨド村で93年に撮影した「少女とハゲワシ」だった。

飢えに苦しみ、うずくまる少女をハゲワシ

が狙うような構図が飢餓の深刻さを印象づけ、ケビンは翌年、優れた報道に贈られる米ピュリツァー賞を受賞。だが、少女を助けるべきだったとの批判にもさらされる。受賞の2カ月後、遺書に「人生の苦痛が生きる喜びを上回った」と書き、33歳で自ら命を絶った。

当時6歳だったメーガンは当初、交通事故死と聞かされたが、マスコミから自宅への電話取材で自殺と知った。父には溺愛されていた記憶しかない。その父がなぜ自分を見捨てたのか、「私のことを思っていれば自殺はしなかったはず」と10代のころは怒りを覚えることがあった。

しかし、成長して状況を理解するにつれて「父は世界中から非難を受け、ぼろぼろだった」と同情するようになった。写真の少女を救わなかったとの批判に対しては強い憤りを隠さない。ヨハネスブルクで取材に応えたメーガンは「父の仕事は写真を撮り、飢餓に光を当てることだった」と語気を強めた。

メーガンも貧困地区でボランティアをして深く落ち込んだ経験がある。母には「ケビンに似すぎている」と言われる。これまでの職業はウェブサイトのデザインや海外での英語教師。「父と同じ運命をたどるからカメラマンにはならない」と苦笑いを浮かべた。

▽「最悪の日」

ケビンには南アの黒人居住区を共に取材した3人の仲間がいた。銃弾が飛び交い、暴力がまん延する現場に飛び込み、ときには惨殺シーンも撮影した。このグループは鳴り響く銃声やシャッター音にちなんで「バンバン・クラブ」と呼ばれ、ケビン以外の3人も数々の賞を受賞した。

ただ、華やかな功績の裏で「みんな傷ついていた」と一員だったジョアオ・シルバ。「良い写真が撮れたときは、被写体の人々にとって最悪の日なんだよ」。ファインダー越しに悲劇を目撃し続ける精神的負担は大きかった。ケビンはストレスから逃れるために、マリファナやドラッグにも頼った。

カメラマン自身も傍観者ではいられなかった。かつて取材した黒人居住区には闘争で犠牲になった人々の名前が刻まれた石碑がある。シルバは94年に銃撃戦に巻き込まれて死亡した1人の仲間の名を指さした。同じ年にケビンと立て続けに親友を失い「仕事を辞めようと真剣に悩んだ唯一の時期だった」

家族の支えやカウンセリングで乗り越え、その後も米紙ニューヨーク・タイムズのカメラマンとして世界の紛争地で活躍したシルバだが、２０１０年にアフガニスタンで地雷を踏み、両足を失った。「自分の番が来た」と感じた。20カ月間に約70回の手術を受け、鎮痛剤を常用する。

▽命を懸ける理由

49歳になった現在、義足でゆっくりと歩くシルバには、それでも後悔はない。「人生をやり直すとしても、また同じことをするよ」。根底にあったのは紛争下の現実を伝えるという使命感。世界を少しでも変えたいとの思いだ。「自分の写真を見て影響を受ける人が一人でもいれば満足だと撮り続けた」

「少女とハゲワシ」に対しては名声を得るために少女を利用したケビンこそが「ハゲワシ」だと

の厳しい見方もあった。スーダンで一緒に取材していたシルバは「富や名声を得たいなら他にもっと良い職業がある。それが命を懸ける理由じゃない」と訴える。

ケビンは写真を撮った後にハゲワシを追い払ったと説明し、娘のメーガンを思い出したと泣いていたという。シルバは付け加えた。「たとえケビンが少女を救わなかったとしても、あの写真はスーダンの飢餓に関心がなかった人々を変え、間接的に数千人の命を救った。そんな写真を私は他に見たことがない」。

★尊敬と嫉妬★

アフリカ中部ブルンジで政府に抗議するデモ隊と治安部隊の衝突を取材したことがある。若者らが投げる石があられのように降り注ぎ、治安部隊が発砲して応戦する中で、国際通信社のカメラマンたちはひたすらシャッターを切っていた。

数十メートル離れた場所にいても、発砲音が響くたびに恐怖と興奮が交錯して足がすくんだ。自分は、現場にいた人々の話を後で聞いても記事が書ける「ライター」であり、仕事のやり方が違う。それに危険を冒すのが使命だとも思わない。

だが、人々の記憶に残る1枚を撮影しようと、危険と安全の境目をかぎ分け、あらゆるニュースの最前線に立つカメラマンを強く尊敬した。同時に、自分の記事は、同じように社会の役に立っているだろうかと嫉妬も覚えた。

稲葉俊之＝２０１６年３月23日

■カメラは語る■

魂を揺さぶる野生の息吹

目が合った瞬間、全身が深い瞳の奥に吸い込まれるように感じた。

パキスタン北部、標高４１００メートルのデオサイ高原。２０１２年夏の明け方、野営していた自然映像作家のニサル・マリクは、外の空気を吸おうとテントから出た。ふと視界の隅に大きな影が動く。ヒマラヤヒグマだ。

距離はわずか数メートル。少し驚いたようにこちらを眺めている。ヒマラヤヒグマはマリクをじっと見つめ、やがて去った。思わず身震いした。寒さや恐れからではない。

「ほんのわずかな間の出来事だが、純粋で崇高な瞬間だったからだ」

▽紛争記者から

ヒマラヤ山脈とカラコルム山脈の間にあるデオサイ高原には、多くの小川が流れ豊かな植生が残る。年間半年以上、雪に覆われる約3千平方キロメートルの湿原地帯だ。この「聖域」を主な生息地とするヒマラヤヒグマはかつて、ブータンやネパールから北インド、北パキスタンにかけ広く分布していた。だが剥製や毛皮、薬を作る目的で狩猟され、個体数は激減した。

パキスタンは１９９３年、デオサイ高原を国立公園に指定。ヒマラヤヒグマの保護に取り組み、現在は同国北部で約２００頭が生息しているとみられている。

「世界が知らないパキスタンを撮りたい」とマリク。パキスタンと聞いて連想されるのは、続発する自爆テロや核兵器の闇市場、国際テロ組織との関係―。「悪い側面ばかりが伝わっている」と苦笑いする。実際は、世界有数の高山や希少な動植物、古代仏教遺跡、少数民族が守る独自文化を誇る国なのに。

そう考えるマリク自身が、かつて紛争記者だった。58年、パキスタン東部ファイサラバードで生まれ、29歳でジャーナリズムの世界に。英国の報道番組製作会社ＩＴＮ傘下でアフガニスタンを担当、武装勢力も直接取材した。２００１年9月の米中枢同時テロ後、アフガンの旧タリバン政権最後の拠点、南部カンダハルの陥落を現地で見届けた。新しい時代の到来を予感した。

▽情熱は冷めず

だが、次第に違和感が大きくなっていく。「タリバンと接触したこともない記者が、現場も知らずに米ニューヨークでアフガンのテロについて競って書いている」

地元でもアフガン政権側メディアか、タリバン側メディアかで色分けされ、双方を自由に行き来して取材できなくなった。記者も攻撃対象となったが、護身用であっても武器など持ちたくない。

記者を辞めて養鶏業への転身を考えたとき、大学中退後にバイクで旅に出たころを思い出した。

「世界が知らないパキスタンを撮りたい」。紛争記者から映像作家に転身したニサル・マリク。同国は世界有数の高山や希少な動植物、古代仏教遺跡、少数民族が守る独自文化を誇る国だ＝パキスタン・イスラマバード（撮影・安井浩美）

パキスタンのすばらしい人々や美しい風景。「私たちは、自分の国の資産をあまりに知らない」。伝えることへの情熱は冷めていなかった。

マリクは03年、ドキュメンタリー映像製作会社「ウオークアバウト・フィルムズ」を設立。国立公園でヒマラヤヒグマやユキヒョウ、角がコルク抜きのようにねじれたヤギの一種マーコールをカメラで追った。「野生の彼らは最も美しく、最も鮮烈な印象を与える」

食物連鎖では上位の強者でありながら、最も絶滅が危ぶまれる弱者でもあった。

自然や文化の価値を正しく伝えるには保護する側からだけではなく、時に利害が対立する地元住民側などの視点が欠かせない。「全体像を知るには、全ての側面から観察する必要がある」とマリク。紛争取材で消えかかったジャーナリズムの原則がよみがえった。

▽小さな一歩

人口1億9千万人のパキスタンは、テロの頻発などの影響でライバルの隣国インドとの格差が拡大。危機感を強めた政権は経済成長路線をひた走り、足元の自然や文化の価値は顧みられない。マリクはかつて、こうした身近な価値への「集団的無関心」を嘆いていた。マリクの映像作品「デオサイ―最後の聖域」は15年、フランスの国際映画祭で自然保護賞を得たが、現実は変わらないようにも見えた。

だが、小さな変化は生じ始めている。デオサイ高原の当局は15年、観光振興のため自動車レースの開催を計画したが、世界自然保護基金（ＷＷＦ）などの反対で中止となった。

マリクは高原周辺の町で自然映像の上映会を開き、子どもたちはヒマラヤヒグマの存在を初めて知った。家畜を襲う害獣とみなしていた住民も、ヒマラヤヒグマが通常は草食でめったに家畜を襲わない生態を理解した。

「人は生まれつき無関心なわけではない。教えられていないだけだ」。高原の撮影や地元との交流を通じてマリクも学んでいく。教材用に編集した自然映像を、無償で学校に配布している。

マリクは確信している。たとえ小さな一歩でも「将来（この国に）大きな変化をもたらせる」と。ヒマラヤヒグマの深い瞳には、魂を揺さぶる力が宿ることを知っているからだ。

★歩き回る★

マリクが設立した会社名の「ウオークアバウト」とは「歩き回る」の意味だ。現場をたくさん歩き、自分の目で見て、人々の話を聞くというジャーナリストとしての基本姿勢をいかに重んじているかが伝わってくる。

「グローバルメディアが多くを変えた」とマリクは言う。インターネットの普及もそうだろう。現場に行かなくても、検索すれば情報は簡単に見つかる。世界中のニュースをより速く、より分かりやすくという潮流の中で、見過ごされているものがないか。

自分の経験に照らしても、パキスタンとアフガニスタンには取材許可が下りない現場や、危険すぎてアクセスできない場所が多く、しばしば嫌になる。それでも基本に立ち戻り、歩けるところはとことん歩き回ろうと思っている。

畠山卓也＝2016年10月5日

■カメラは語る■

ゴリラの姿、地元のために

標高は3千メートル近い。薄くなり始めた空気の中、段々畑沿いの急な山道を登ること2時間弱。国立公園に入った途端、風景が緑の森林に一変する。

石だらけの山道やとげのある下草が足に絡まる獣道。険しいルートを、森啓子は還暦を7年過ぎたとは思えない、軽い足取りでたどる。

突然木々が揺れ、黒い巨大な動物がゆっくりと視界に飛び込んできた。「ウーッ、ウーッ」とのどの奥から絞り出すような声で〝あいさつ〟しながら、森が静かにビデオカメラを向ける。

巨体の持ち主は一瞬、こちらに鋭い目を向けたが、何事もなかったかのように周囲の枝に手を伸ばし食事を始めた。大きな背中を覆う灰色の毛が熱帯の日光にきらめく。シルバーバックと呼ばれるゴリラの成獣の体重は、200キロになることもある。

▽残された楽園

赤道直下のアフリカの小国ルワンダ北西部。火山国立公園の森林は、生息数が900頭以下に減り、絶滅の恐れが極めて高いマウンテンゴリラの数少ない楽園だ。

「彼の名前はギチュラシ。ナンバー2なんだけど、最近トップの雄、キャンツビーの座を脅かしつつある」

「私のことをゴリラだと思っていて、私が友人と仲良く話をしていると焼きもちを焼くゴリラもいるのよ」

森がゴリラの映像と写真を撮り始めて5年余り。ほぼすべてのゴリラの顔を見分け、家族関係や群れの中での力関係なども知り尽くす。

竹やぶの中に潜り込んで遊ぶ子供ゴリラを追い、滑りやすい斜面に足を踏ん張ってリーダーのシルバーバックの姿を写真やビデオに収める。「もうすぐ群れが移動するから上の方に行きましょう」。ゴリラの行動と火山国立公園を熟知した森に疲れは見えない。

▽著作権の壁

ルワンダは1994年、多数派のフツ人による少数派ツチ人の虐殺が起き、推定80万人が犠牲となった。

激しい内戦で一時消息の絶えたこともあったゴリラを見ようと、世界中から観光客がやってくる。ゴリラ観光は最も重要な収入源の一つだ。

だが、これまで現地の人々がゴリラの姿を映像で見る機会は限られていた。海外テレビ局の映像を国民のために使いたいと思っても「著作権の壁」に阻まれたからだ。

「どんな大金を積んでもテレビ局が貴重なビデオを譲り渡すことはない。自由な加工など認めるはずもない」

日本のテレビ番組制作会社で、野生動物を題材にした番組に長く携わった森は、著作権問題の複雑さと理不尽さをよく知っていた。

「ゴリラの取材を自由にさせてくれるなら、ルワンダ政府が使える映像を提供できる」。森が実現性も不明なアイデアを持って、単身ルワンダに渡ったのは２０１１年。国立公園の麓の町ムサンゼの借家に居を定めた。森の申し出にルワンダ政府は１回７５０ドル（約7万5千円）の高額な入山料を無料にし、付き添いのレンジャーを都合することで応えた。

週４日は機材を担いでゴリラを追う暮らしが始まった。政府からは「観光客へのインタビューが入った2分間のビデオがほしい」などと注文が届く。「22頭の子供の映像を1分ずつ入れたビデオを」という注文も。編集作業は徹夜になることもあるが、常に無報酬。生活費は過去の蓄えでやりくりしている。

▽環境教育に

「国立公園からバファローが外に出て農地を荒らし、時には人にも危害を加える。貧しい農民に、なぜこの公園が必要なのかを理解してもらうことは本当に難しい」

森と同行した44歳の国立公園長プロスパー・ウィンゲリが、静かに語り始めた。

「都市の住民と違って、テレビや本さえ手に入らない貧しい人々はゴリラのことをほとんど知らない。住民の集会や学校での環境教育にゴリラの映像は欠かせない。ケイコのビデオ映像を売れば公園の収入になるかもしれないし」。大学卒業後、半生をゴリラ保護にささげてきたウィンゲリが

火山国立公園のゴリラの群れで最大数を誇るパブロ・グループには5頭のシルバーバックがおり、森が最も気になるグループ。写真はグループでナンバー2のギチュラシ。最近、トップの雄の座を脅かしつつある＝ルワンダ北西部（撮影・中野智明）

森にほほえんだ。

16年9月2日、国立公園の麓で、過去1年間に生まれたゴリラのネーミング（名前付け）式典が、カガメ大統領も出席して開かれた。

空港、首都の大通りなど至る所に、子供に頬ずりをする母親ゴリラを撮った巨大なポスターや垂れ幕が並んだ。名付け対象である22頭の赤ん坊ゴリラの写真も含め、すべてが森の作品だ。

撮影者や著作権者の名前はないが、森は気に留めない。「毎日のようにゴリラを目の前で見られればそれでいい」

翌日、森は夜明け前に起きて、山奥にいるゴリラの群れの撮影に向かった。「生まれたばかりの子供がいるの。来年の式典のために写真を撮っておかなきゃいけない」。暗い山道をしっかりとした足取りで登り始めた。

★取り残された人々★

　1994年の大虐殺から20年余り。復興を遂げたルワンダの首都キガリには高級ホテルや国際会議場が並び立つ。だが、首都から車で2時間余りの、ゴリラがすむ火山国立公園の周辺には、繁栄から取り残された多くの人々の姿があった。

　国立公園までの急斜面には電気も水もない粗末な家が並ぶ。現在、住民が食べ物を得るために公園内にわなを仕掛けることが大問題になっている。違法なわなはゴリラを捕るためではないが、手足を挟まれて指を失うゴリラもいる。

　ゴリラ観光からの多額の収入が地元住民に還元されなければ、「ゴリラの楽園」の将来は危うい。周辺住民の理解を進めるために森啓子が撮影する画像や映像は確かに有効だが、貧しい人々に不足しているものは情報だけではない。

井田徹治＝2016年10月12日

■デジタルの宇宙■

「忘れられる権利」求めて

２０１４年５月13日、マリオ・コステハ・ゴンサレスは、仕事の拠点とするスペイン北西端ラコルニャで連絡を待っていた。この日、ルクセンブルクに置かれた欧州連合（ＥＵ）司法裁判所の判断に、欧州中の注目が集まっていた。

携帯が鳴る。「勝訴だ」。代理人弁護士ホアキン・ムニョスからのメッセージだった。米検索大手グーグルを相手に勝っただけではない。インターネットという「デジタルの宇宙」に流出した不都合な個人情報を社会から遮断し、「忘れられる権利」を勝ち取った画期的判決の瞬間だった。

▽顧客の検索で

発端は１９９８年、スペイン紙に掲載された小さな競売の公告だった。当時の妻が負債を抱え、コステハとの共有不動産が競売の対象となった。不動産は競り落とされて負債は解消された。

だが約10年後、ビジネスコンサルタントのコステハは顧客の指摘に驚く。「あなたの名前をネットで検索したところ…」。競売公告の載った新聞が電子化され、かつての公告が検索結果の最上位に現れるようになっていた。事業への助言を仕事とするコステハにとり、ビジネスを左右しかねない事態だった。

公告へのリンクを検索結果から削除してほしい。グーグル側に訴えたが拒否された。スペインの情報保護当局に不服を申し立てたことで始まった法廷闘争は、ＥＵ全域に効力が及ぶＥＵ司法裁に持ち込まれた。

「検索企業は一定の条件下で、個人名による検索で表示される結果からリンクを削除する義務がある」。忘れられる権利を認めた判決から約10日後、コステハらには何の連絡もなく、問題のリンクはグーグルの検索結果から消えた。

▽独裁の経験から

ＥＵ司法裁の判断の根拠は、95年に採択されたＥＵの個人情報保護規則だ。欧州でネット利用者が１％以下だった当時から、個人が自身の情報の削除を管理者に求める権利は定められていた。

なぜ欧州人はこれほどプライバシー保護に敏感なのか。２０１０～14年にＥＵ欧州委員会の副委員長として司法・基本権を担当したビビアン・レディングは「(旧共産圏など)独裁下に生きた経験が、政府に対する不信を人々に植え付けた」と監視や密告が横行した負の歴史から説明する。

レディングは12年、個人情報保護をさらに強化しようと規則の改革を提案、「忘れられる権利」という用語を政策として初めて打ち出した。「より力強く、インパクトがあると考えた」。欧州議会議員に転じたレディングは16年４月、自ら提案した改革の採択に議会で立ち会った。

グーグルは判決を受け、欧州の市民からリンクの削除要請をウェブサイト上で受け付ける仕組み

街角でスマートフォンを操作する人たち。思わぬ不注意から「デジタルの宇宙」に不都合な個人情報が流出したらどうするか＝パリ（撮影・澤田博之）

を設けた。同社のウェブサイトによると、14年5月末から16年6月上旬までの削除要請は約43万件。計153万件のアドレスのうち約43％のリンクを削除したという。

ＥＵ司法裁は判決で、「情報が不適切、もはや（個人と）無関係、過度」などリンクの削除を認める基準の大枠を示す一方、知る権利とのバランス、公人の場合の判断も必要だと指摘した。ＥＵ28カ国の情報保護当局でつくる作業グループは14年11月、「未成年に関する情報か」など13項目の基準を含むガイドラインを採択した。グーグルもこれに沿った自社基準を設けているとされる。

検索企業が削除しないと判断した場合、個人は自国の情報保護当局に不服を申し立てることができる。フランスの「情報処理と自由に関する国家委員会」にはこれまで約700件の申し立てがあった。検索企業に削除を求めたのは約3割。委員長のイザベル・ファルクピエロタンは「グーグルは大体ガイドラインに従っている」と指摘する。

▽自由とのはざまで

一方で、グーグルは「忘れられる権利は欧州の法だが、世界の法ではない」とも主張し、ＥＵ域外の自社サイトでリンクを削除する是非を巡り欧州側と今も対立する。その姿勢には、言論の自由に重きを置く米国流の考え方も垣間見える。

34歳の弁護士ムニョスは「忘れられる権利は絶対の権利ではない」と述べた。知る権利や表現の自由など過去の世代が勝ち取ってきた権利は、軽視するべきではない。

一方、スペインのフランコ独裁時代を知る58歳のコステハは、忘れられる権利の尊重は「表現の自由への攻撃ではない」とも強調した。パソコンや携帯端末を通じ誰もがネットにつながり、誰もがネット上で表現者となり得る時代。「若者は個人情報をどう扱うか誰にも教えてもらえず、孤児のような存在だ。判決で個人情報保護の一つの手段を示すことができた」とコステハは胸を張る。

忘れられる権利の裁判は日本にもある。ファルクピエロタンは「デジタル化社会の管理を望む個人の意思が、世界中で高まっている」と見る。

★なしのつぶて★

「どうして欧州人はプライバシーに敏感なのでしょうか」という素朴な問いに、コステハは「隠したいことが多いからでしょうか」と冗談を言って笑った。

「忘れられる権利」は誤解も多いとファルクピエロタン委員長は指摘する。検索結果からリンクが削除されても情報自体は掲載したウェブサイト上に残る。リンクが削除されるのは個人名で検索した場合だけ。別の言葉で検索すれば情報が出てくることはある。

本来必要な情報へのアクセスが断ち切られてしまうことはないのか。リンクの削除を判断する責任は、まず検索企業が担う。検索大手グーグルにも直接話を聞いてみたいと思った。だが取材依頼や質問を何度も送ったにもかかわらず、ブリュッセルの担当者からは全く返事がなかった。

永田潤＝２０１６年６月22日

■デジタルの宇宙■

仮想現実が巻き起こす熱狂

カナダの最大都市トロント中心部の競技場エア・カナダ・センターで、約1万5千の座席を埋め尽くした観客が「ウオー」と大歓声を上げた。客席の反応だけを眺めていると、同じ競技場で開催されるアイスホッケーの試合のようだが、違う。

競技場内は中央の舞台以外は薄暗い。観客の目がくぎ付けになっているのは、舞台上に据え付けられた巨大スクリーンだ。２０１6年8月下旬、オンラインゲームの対戦競技「エレクトロニック・スポーツ」（ｅスポーツ）の大会が行われ、1チーム5人の選手がゲーム「リーグ・オブ・レジェンド（ＬＯＬ）」の北米代表の座を争った。世界大会で優勝すれば賞金は１００万ドル（約1億円）だ。

▽裏方のアスリート

舞台上に陣取った選手たちの一挙手一投足は、遠目には裏方のように地味だ。頭に装着したヘッドセットでコーチらと会話をしながら、コンピューター画面を厳しい視線でにらみ、手元のキーボードとマウスをひたすら操作する。

しかし、ゲーム画面を映し出した舞台上のスクリーンでは、カラフルなキャラクターが入り乱れ、緊迫感あふれる真剣勝負が展開される。観客を熱狂させ、会場全体に一体感をつくり上げる選手たちは「アスリート」そのものだ。米西部カリフォルニア州から来場した18歳のネットカフェ従業員、カシー・ファーは「私たちも、まるでチームの一員となったような興奮を覚えた。自分だけでゲームをするより楽しいわ」と笑顔を浮かべる。

ゲームの世界に引き込むプロの技とインターネットの普及が追い風となり、ｅスポーツは人々をつなぐ「メディア」として定着した。世界中の愛好家が生中継で試合を視聴し、「この場面が試合を決定付けた」などと交流サイトに書き込む。

ＬＯＬで北米代表となった「チーム・ソロミッド」（ＴＳＭ）の選手で、20歳のセーアン・ビェ

カナダ・トロント中心部の競技場で行われたオンラインゲームの対戦競技「eスポーツ」の大会。約1万5000人の観客が座席を埋め尽くした（撮影・大塚圭一郎）

アウは練習量が勝因の一つと言う。「1日15時間練習する韓国のチームがあると聞いた。われわれもそれに引けを取らないくらい時間をかけ、燃え尽きるまで練習したね」

▽日本人スターも

米東部ニュージャージー州の地方都市モリスタウンで9月、格闘ゲームの腕を競うイベントが開かれた。「日本人男性が姿を現すと「おい、ダイゴがいるよ」とどよめきが起き、著書へのサインを求める行列ができた。

男性は、ゲーム制作会社カプコンの格闘ゲーム「ストリートファイター」シリーズの最新作「5」で活躍する35歳のプロゲーマー梅原大吾。シリーズ出荷本数3800万本に達する人気ゲームだ。対戦前「ゲームは皆似たり寄ったりの動きになりがちだが、自分は普通の人と違うプレーになっている自負があるので見てもらいたい」と自信をみなぎらせた。必殺技「波動拳」を次々と繰り出して相手を倒す様子に、観客は息をのんだ。

梅原はeスポーツ人気をこう分析する。「ゲームは、誰でも内容を理解できるハードルの低さがある。少しでも遊んだことがある人たちにとっては、スポーツ観戦と同じくらい面白い」

多額の大会運営費用は、動画を含む視聴者への広告を狙った企業の協賛が支える。試合に臨んだ梅原はゲーム実況サイトを運営する米トゥイッチ・インタラクティブのロゴが入ったパーカを着て、手元には飲料「レッドブル」を置いた。ゲーム調査会社ニューズーは8月、eスポーツの世界市場が２０１６年に４億９３００万ドル（約５１２億円）と前年より51・７％伸びるとの見込みを発表した。

eスポーツに採用されれば、ゲームソフトの販売にも追い風だ。ストリートファイター5を開発したカプコンのプロデューサーで36歳の杉山晃一は「開発当初からeスポーツを意識して制作していた」と打ち明ける。

ゲームでは、不公平感が生じないように「絶対的に強いキャラクターが生まれにくいよう調整している」。ネット観戦の視聴者向けに、動画配信される画面は「プレーヤー情報やスポンサーのロゴなどを配置しやすくした」という徹底ぶりだ。

▽大学でも

一大市場の米国では大学にも動きが波及している。カリフォルニア大アーバイン校では16年9月、

eスポーツを開催できる施設がオープンした。コンピューターが並び、ネット放送が可能な施設も備える。設立を主導した34歳のマーク・デッピーは「対戦を中継したり、eスポーツ番組を制作したりして学生たちがネット放送を学ぶ効果もある」と胸を張る。

多くの人気ゲームを世界に送り出してきた日本はどうか。普及を目指す「日本プロeスポーツ連盟」の設立が3月に発表されたものの、「まだ黎明期だ」とゲーム関係者は口をそろえる。

「ゲームにも真剣に取り組めるものがあることを多くの方に知ってもらい、文化として根付いてほしい」と杉山は力説する。

★名人の後ろで★

「ストツー」という略称が浸透するほどヒットしたカプコンの格闘技ゲーム「ストリートファイター2」が1991年に登場した直後に、ゲームセンターで遊ぶ上手な人の後ろに張り付いて画面を見つめた。

技術を「盗む」までには至らなかったが、ゲームの世界に入り込んだ。必殺技が決まると、まるで一緒に戦っているような一体感を味わった。

四半世紀が経過し、シリーズ最新作「5」のeスポーツで対戦する梅原大吾の試合を自宅で視聴した。「起きている時間の半分は、練習するかゲームのことを考えている」と話すプロの華麗なプレーに引き込まれ、離れた空間にいても、まるでゲームセンターで梅原の背中越しに画面を眺めているような錯覚を覚えた。この臨場感こそがｅスポーツの醍醐味だろう。

大塚圭一郎＝２０１６年11月２日

■デジタルの宇宙■

「知識が世界を良くする」

「２０１６年のノーベル化学賞に決まったジャンピエール・ソバージュ氏の記事を編集するんだ。まだ内容が薄いからね」

米カリフォルニア州サンディエゴに秋の青空が広がる。９階建ての市立図書館で、米ハーバード大の博士号を持つジョン・サドウスキーが笑顔で話した。数時間後、オンライン百科事典「ウィキペディア」英語版の該当記事を検索すると、早速内容が追加されていた。

▽３００の言語で

ウィキペディアは、インターネット上で誰でも書き込め、無料で利用できる「万人の、万人による、万人のための百科事典」だ。市立図書館では10月上旬、年1回のイベント「北米ウィキカンファレンス」（以下ウィキ会議）が３日間開催され、約４００人が訪れた。

女性著名人に関する記事を増やす取り組みを発表した米ラスベガス在住のロージー・スティーブ

ンソンは、今年のウィキ会議発起人の一人。

「ウィキペディアの編集は基本的にひとりぼっちの作業。顔を合わせて情熱を分かち合う機会はとても大切なの」

ウィキペディアは会費も広告も取らず、運営費は寄付に頼る。執筆や編集に報酬はなく、それぞれが自発的に参加する。

何が彼らを突き動かすのか。ウィキペディアを運営する米国の非営利団体「ウィキメディア財団」で広報を担当するジュリエット・バーバラは、熱心な人々には共通点があると話す。「知識が世界を良くすると信じていること。私もそう」

財団によると、今年6月までの1年間で世界中から500万件以上の寄付があり、計7700万ドル（約81億円）が集まった。利用者は毎月5億人。記事数500万本超の英語版を筆頭に、300近い各言語版がある。

中には政府の情報統制で閲覧や編集が規制される国も。代表格は中国だが、中国語版の記事数は約90万本に上る。台湾の人々、海外在住者、そして規制をかいくぐった中国国内のユーザーが積み重ねた数字だ。

▽中立的観点

「私もウィキペディアを編集したい」。中国語版の「管理者」には毎月、こうしたメールが100～200通も届く。

管理者は、無意味な書き込みなど「荒らし」行為に対応するため、記事の削除を含む特別な権限が与えられた人々。中国語版には約80人いる。中国・上海で育ち、米国の大学で電気工学を研究する25歳の大学院生、トミー・トンはその一人だ。

トミーによると、中国政府の規制をかいくぐる方法はあるが、編集をするには管理者による手続きが必要。殺到するメールはその要請で、数年前の何倍にも増えた。

メールの発信者は若者が中心だ。この中の誰かが将来、中国語版に多大な貢献をするかもしれない。「一通一通が中国語版の『未来』です」

トミーは大学入学後に編集を始めた。自分が書いた記事に、誰かが情報を書き加える。正確な記事を目指し、人類の知を一つ一つ積み上げるような感覚に魅せられた。

トミーは「尖閣諸島」（中国名・釣魚島）の記事を比較して見せた。日本語版も中国語版も「日本が実効支配し、日中台が領有権を主張する」と3者の主張を並列する。「記事には『中立的な観点』が大切。お互いの立場の違いを知ることが、解決の第一歩になる」

中国が神経をとがらせる1989年の「天安門事件」。中国国内のネット事典で検索しても「該当なし」となる存在の消された語句だが、ウィキペディア中国語版は長大な記事を掲載している。

▽「一歩ずつ」

ウィキ会議で、トミーはオンライン上だけで知る中国語版の別の管理者らに初めて対面した。

中国・西安出身でカナダの大学に通う21歳のジミー・シュウは、中国語版の新記事をツイッター

北米ウィキ会議の会場。図書館内の各所で、年代も性別も多様な人たちが記事を編集する企画やさまざまな発表に参加していた＝米サンディエゴ（撮影・遠藤弘太）

で自動発信するプログラムなどを組む。「こんなかっこいい人だったなんて」とトミーが冗談交じりに言うと、ジミーは照れて頭をかいた。

「中国での規制緩和に取り組めないかと考えている」。トミーはジミーに考えを打ち明けた。16年春、知人の中国政府関係者から届いたメールが契機だった。「中国国内でも閲覧や編集ができるようにすべきかどうか、政府内で議論されている」と書かれていた。

「緩和に賛成します」とトミーは返信した。中国の習近平政権は言論弾圧やネット検閲を強化。グーグルもフェイスブックも規制されているが「5年、10年かかっても一歩ずつ進めばいい」。自由こそが、中国語版の充実に通じると信じる。

ウィキメディア財団の事務局長キャサリン・メイハーは言う。「私たちの最大の成果は、無料で知識をシェアする場所を作り上げたこと。

中国語版ユーザーも、めげずに編集を続けてほしい」

全言語で記事数4千万本に上る最大級の百科事典となっても「世界にはまだ数え切れない知識がある。プロジェクトは始まったばかり」と未来を見つめた。

★熱い血が通う★

米サンフランシスコの中心部に立つ、6階建てのこぢんまりとしたビルの3フロア分。職員約250人というウィキメディア財団のオフィスは拍子抜けするほど小さかった。世界中のボランティアの力が、現在の巨大なウィキペディアを作り上げたということをあらためて実感した。

仕事や日常生活で、何かと参考にするウェブサイトの背景を知りたくて取材を始めた。百科事典の文章は一見淡泊だが、日本語版だけで100万項目に上る記事の一つ一つに執筆者の熱い血が通っていることが、今では分かる。

財団によると2016年、日本だけでも10万件以上の寄付があったという。無数の人々が作り、支える。まだ道半ばではあるにせよ、インターネットならではの大きな成果であることは確かだ。

小田智博＝2016年11月9日

■ 新聞盛衰物語 ■

地下鉄駅から始まった革命

地下鉄駅の改札を抜けてホームに着くと、絵本の世界に迷い込んだような錯覚に陥る。独創的なデザインから「美術館」にも例えられるスウェーデンの首都ストックホルムの地下鉄。この地下鉄駅で生まれ、世界へ飛躍した新聞がある。無料の日刊紙「メトロ」だ。

誕生から21年。当初新聞の「革命」とされたメトロは2015年12月のデータで、世界23カ国・地域、13の言語、67の異なった版で発行される「世界最大の国際紙」へと成長を遂げた。読者は最新の数字で2千万人を超える。

▽駅にラック

誰も手がけたことのないメディアを作らないか―。1989年、スウェーデンの大手紙で長年勤務したロバート・ブラウナイェルムらジャーナリストらが、ストックホルムに集まった。生まれたアイデアが無料日刊紙の創刊だった。

それまで広告主体の無料雑誌はあったが、日々のニュースを載せる新聞は購読が当たり前。しかし、当時30代後半のブラウナイェルムらには自信があった。スウェーデンの新聞社の収入は7割が広告で購読料は3割。無料で新聞を配れば読者が増え、従って広告収入も増える。「人件費や輸送費を削れば無料紙は可能だ」と踏んだ。

大手紙や銀行から出資を断られ続けた後、新聞発行に興味を示した個人投資家からの出資取り付けに成功。配送コストを抑えるため考え出されたのが、地下鉄駅に新聞のラックを置く方式だ。通勤客の動線を研究して次々と設置した。新聞は地下鉄を意味する「メトロ」と名付けた。

94年のクリスマスにテスト版を配布すると、広告を掲載した旅行会社の前に行列ができ、ブラウナイェルムの自信は確信に変わった。95年2月13日の冷え込む朝、ストックホルムの地下鉄駅でメトロは産声を上げた。

▽隙間の20分

間もなく地下鉄の風景が一変する。車内でみんながメトロを広げるようになった。現在はメトロを離れファッション雑誌の発行に関わるブラウナイェルムは「党の機関紙しかない冷戦時代の社会主義国になったようだった」と苦笑する。

ストックホルムのオフィス街にあるメトロのストックホルム版編集部。約30人で始めた新聞社は現在、約300人を抱える。編集者ビクトー・アンダーに拡大の秘訣を尋ねると「実験的な取り組みをしようと考えた結果だ」と語り始めた。

メトロは従来の新聞と異なる方法を多く導入したことで知られる。その一つが記事の短さ。通勤で地下鉄に乗っている時間、約20分の「隙間の時間」を狙っている。欧州の新聞は長い記事を載せ

地下鉄の車内でタブロイド判のメトロ紙を読む人。同紙は通勤で地下鉄に乗る時間をターゲットとし、短時間で読み切ることができるよう記事は短く簡潔にまとめられている＝ストックホルム（撮影・澤田博之）

る傾向にあるが、短時間で読み切れるように記事を簡潔にまとめた。

狭い車内でも読めるように新聞の大きさはタブロイド判を採用。スウェーデンの高級紙もメトロに倣って続々と小型化に踏み切った。

当初は想定していなかった読者も獲得した。スウェーデンが積極的に受け入れた移民たちだ。簡潔に書かれた文章や無料という手軽さが受けた。

同国の新聞業界に詳しいストックホルム大のエスター・ポラック准教授は「メトロの成功は、これまで有料紙を定期的に読まなかった若者や移民を引き付けたことにある」と分析する。

▽妨害と挑戦

誕生から数年でメトロは世界へと進出す

る。大都市中心の同様のシステムをオランダなど欧州で展開し、米国や南米、アジアに拡大を続けた。

一方で無料紙は有料紙離れを呼ぶと恐れられ妨害も受けた。「嫌われ者になりたかったら、無料紙を出すといい」とのジョークがメトロには伝わる。ドイツでは新聞業界が結束して進出を阻止。英国ではメトロという同名の無料紙を先に創刊され、進出できなかった。

無料紙拡大に危機感を覚えた有力紙が、政治家を使ってつぶしにかかった国もあった。だが、これは有力紙の杞憂だった。新聞を読む習慣のない若者がメトロで新聞の良さを知り、詳しい記事を読もうと有料紙を購読する現象も起きた。

現在、メトロは新たな試練に立ち向かっている。スマートフォンの台頭だ。主な読者層だった若者がインターネットに情報を頼るようになり、発行部数は漸減した。

２００９年、特ダネ発掘に一層力を入れる方針に転換。スウェーデン発祥の家具大手イケアが、厳格なイスラム教国サウジアラビア向けのカタログの写真を加工して、女性の姿だけ消去していた差別問題などを特報した。さらに国内ニュースに重心を移し、ウェブサイトにも力を入れた。

「質を向上させて新聞離れを何とか食い止めているが」と編集者のアンダー。「10～20年後に紙の新聞が生き残っているかどうかは誰にも分からない。僕たちは今、大きな挑戦の中にいる」と言葉に力を込めた。

★回し読みの文化★

降車する乗客が座席に残した新聞を、次に座る人が拾って読み始める。無料紙が普及したスウェーデンなどの電車では「回し読み」は日常の風景と化している。初めて見た時は無料の新聞とは知らず「気前のいい人が多いな」と驚いた。

欧州では無料紙が数多く発行され、各紙がさまざまな手法で読者の取り込みを図っている。英国の無料紙は、電車で親切にしてもらった人へのお礼を投稿欄に載せたり、車内で会った人に思いを伝えるコーナーを設けたりと工夫を凝らす。

世界の新聞業界では、読者減少を背景に新聞の将来をめぐる議論が活発化している。英国では高級紙インディペンデントが完全電子化した。新たな有料日刊紙が誕生したものの、部数が伸びず2ヵ月で廃刊となった例も。各紙とも読者のために何ができるのか、模索を続けている。

高木勝悟＝２０１６年３月30日

■新聞盛衰物語■

黄金時代去り、消滅の危機

「前代未聞の大醜態」。１９８６年10月、ブラジル・サンパウロの邦字紙パウリスタ新聞社会面に見出しが躍った。在サンパウロ日本総領事館の31歳の３等理事官が、酒に酔って日系カラオケ店でテーブルに放尿、公用車を自分で運転して帰ったという大騒ぎを暴いたスクープ記事だ。

「あのころのコロニア（日系社会）記者は元気だった」。騒ぎを目撃したパウリスタ紙元記者で77歳の大滝多喜夫は目を細める。ニュースは日本の全国紙が追随して報道、理事官は更迭された。「総領事館からは『口止め料』としてウイスキーをもらった。でも金じゃないと止まらないよ」。あっけらかんと話す大滝。当時の日系社会では当たり前の文化だった。

▽「ハエ」と罵倒

「進出日本企業に暴露記事の予定稿を見せ、金をたかる記者も多かった」と後継紙ニッケイ新聞編集長でコロニア史に詳しい50歳の深沢正雪。恐喝容疑などで告訴されかねないブラックジャーナリストも跳梁跋扈した。

とはいえ、総領事館や国際協力機構（ＪＩＣＡ）の前身に批判的な記事は読者に喝采された。日系移民が「（自分は）貧しかった日本を口減らしで追い出された棄民だ」との鬱屈した感情を抱えていたからだという。

１９０８年に始まったブラジル集団移民。約26万人が地球の反対側に渡り、邦字紙は地方都市にも乱立、黄金時代が始まる。日本の戦後高度成長で70年代に移住が減り、読者数が頭打ちになると「スキャンダル記事で、とにかく部数を伸ばすのが至上命令だった」。

創刊70年のライバル紙サンパウロ新聞編集局長で65歳の鈴木雅夫も「日本政府をたたけば読者が喜んだ」。うっとうしがる外務省幹部から「ハエ」と罵倒されながらも書き続けた。深沢は「編集部に怒鳴り込んで来た事実も書いた」と笑う。

2016年7月の日本の参院選結果を報じるサンパウロ新聞と編集部。読者の高齢化などで部数減少が止まらない邦字紙は生き残りに懸命だ＝ブラジル・サンパウロ（撮影・尾形祐介）

日系人の役に立ってきたとの自負は大きい。在外投票権の獲得、窓口対応や査証（ビザ）要件の改善—。こうした成果は批判記事から生まれた。

▽**総ルビで発行**

良くも悪くも活気があった邦字紙は今、風前のともしびとなっている。移民の高齢化で読者の平均年齢は80歳近く、子孫は日本語の読み書きができない。かつて割拠した十数紙は2紙に減少。経営難で給料を払えず、長く働く記者はほとんどいない。毎年交代でやって来る日本からの学生や研修生が中心だ。

鈴木は「批判できるほどコロニアを見ている記者はいない。イベントを追うのが精いっぱいだ」。日本語の読めない子供らが、親のために購読を続けており「ほとんど回覧板の役割」と自嘲する。「間もなく終わりを迎えるのは避けられない」

ニッケイ新聞も生き残りに懸命だ。漢字の読めない2世のため総ルビで発行する。企業関係者らを取り込むため、インターネットに記事を流し、ＰＤＦ配信も開始。それでも実売は5千部を割り込み減少が止まらない。

「ポルトガル語版の読者はまだ増やせる」。同社社主室で、深沢が社主の2世高木ラウルに訴えた。「可能性はあるかもしれない」と返す70歳の高木も日本語の読み書きが苦手で、自分の新聞も読んでいない。

日本に関心はあるが、ブラジルでの報道は少ない。週1回のポルトガル語版も日系社会の話ばかり。深沢は「日本の記事を増やせば2世や3世の読者が増えるかもしれない」と期待するが、日本への造詣と双方の言語能力を兼備する記者はほとんどいないのが実情だ。

▽「昭和」の日本

一方で、全く逆の日系社会がある。「日本語の方が得意。スペイン語は苦手」。日本舞踊の稽古を終えた15歳の竹村みなみは、着物姿でよどみなく答えた。

ブラジルの隣国ボリビア中部サンタクルスから車で約2時間。55年に88人が入植して開拓が始まったサンフアン移住地は、比較的歴史が浅く、日本を知る1世の存在が大きい。4世代約８００人のほぼ全員が日本国籍を持つ。

踊りや太鼓、茶道の愛好会があり、住民参加の運動会も開催する。さながら「昭和」の日本だ。

竹村は家庭の会話、日系小中学校での補習、本やアニメで日本語を身に付けた。日本に行ったことはない。得意科目は数学。「スペイン語を使わなくて済むから」だ。

各家庭に月一度、日本語の冊子が届けられる。97年創刊のサンファン日本ボリビア協会の略称を冠した無料情報誌「ＡＢＪ通信」。催しや今月の予定、結婚報告、訃報―。若者も毎月の配布を楽しみにしている。

日本語の方が得意な世代がいつまで続くかは、分からない。同協会の伴井基三恵は「南米に『日本』を残すため、できるだけ長く発信し続ける」と語った。

移住地中央の集会場。入植記念祭の稽古をするため、10人ほどが和太鼓を運び込んだ。ジャングルを切り開いた大地に、力強い音が響き始めた。

★採算度外視で★

日系人の同化が進むアルゼンチンの邦字紙「らぷらた報知」の窮状も深刻だ。紙面の半分をスペイン語にしたが解約は止まらず、実売部数はピーク時の約３千から約６００に減少。発行も週２回から１回に減らした。

ペルーやパラグアイでも、邦字紙は似たような状況にあえぐ。北米では廃刊が相次いだ。苦闘する邦字紙に共通して言えるのは、存続を目指す新聞人の強い意志だ。

らぷらた報知の従業員９人はいずれも別に生活の手段を持つ。日系３世のスペイン語版編集長、前浜フェデリコの本業は卓球のコーチ。「みんなこの仕事が好きだから何とか続いている。採算を度外視しても、少しでも知りたいと思う人がいる限り、伝え続けなければならない」。日系人ジャーナリストの心意気を見た気がした。

遠藤幹宜＝2016年9月28日

■新聞盛衰物語■

監視不在、行政に不正横行

米西海岸カリフォルニア州ベルは、ロサンゼルス中心部から南東約15キロにある人口3万5千人余りの小さな町だ。

2010年6月、ロサンゼルス・タイムズ紙のベテラン記者ジェフ・ゴットリーブは、捜査当局がベル市幹部の給与額を調べているとの情報を聞きつけた。市役所に資料を請求したが、偽造文書をつかまされた。

ゴットリーブは「10日以内に雇用契約書を見せないと法的手段に訴える」と迫った。10日目、市の事務方トップ、行政官のロバート・リッツォに呼び出される。

市役所近くの公園にある集会所。リッツォや警察署長、弁護士ら10人が取り囲む異様な雰囲気に、脅しが狙いだと感づいた。「マフィアとだってやりあってきたんだ」。闘志に火がついた。ゴットリーブの取材は、全米を揺るがす行政スキャンダルを突き止める。

▽取材の空白地帯

1993年に就任したリッツォは、当初7万8千ドル（約870万円）だった年間給与を10倍に膨らませていた。手当も含めた年収は150万ドル。警察署長や市議会議員の給与も増額する「お手盛り」で口を封じた。市は財政危機にあえいでいたのに、公共サービス削減や住民の固定資産税の引き上げで、幹部の高給をひねり出した。

「リッツォ氏に年俸80万ドルの値打ちはあるのか」――。2010年7月15日、ゴットリーブらの特ダネが同紙の一面を飾る。隠してきた給与はオバマ大統領の2倍。「激怒した数千人が市役所を取り囲んだ」という。

市長を含む8人が詐欺などの疑いで逮捕され、リッツォには禁錮12年、不当利益900万ドル返還の判決が下った。

ベルはヒスパニックが人口の約90％を占める。もともと白人中産階級中心の町だったが、1980年代から産業が空洞化、人口構成も変わった。

それとともに24年創刊の地元紙「インダストリアル・ポスト」も衰退、90年代には売却・廃刊に追い込まれた。同紙の関係者は「売却はちょうど高給の行政官がのし上がった時期。事件は住民のお目付け役として健全な地元紙が必要なことを証明した」と振り返る。

ロサンゼルス・タイムズも経営難で2003年ごろに近隣の支局を閉鎖し、取材の空白地帯となっ

米カリフォルニア州ベル市の庁舎前に立つ、ロサンゼルス・タイムズ紙の元記者ジェフ・ゴットリーブ。同市の幹部が高額の給与を受け取っていることを特ダネで明らかにした（撮影・鍋島明子）

ていた。ゴットリーブも「当時、市幹部の生活が派手になったとのうわさを若手記者が取材したが、実態はつかめなかった」と早期に不正が暴けなかったことを認める。

▽特ダネ記者も

ゴットリーブの記事は公益に資するとして、11年に米新聞界最高の栄誉とされるピュリツァー賞を受賞した。

しかし、人員削減を進めるロサンゼルス・タイムズは特ダネ記者も閑職に追いやる。「高齢の記者を追い出そうとしている」。今年63歳のゴットリーブは15年春、同紙を退職し、タイムズ社を提訴した。

ゴットリーブだけではない。15年11月には82人が早期勧奨退職に応じたと報じられるなど、経験豊富な記者が多数去った。「若い記者は会員制交流サイト（ＳＮＳ）への書き込みなどで考える時間が減り、取材力が落ちている」と懸念する。

米新聞界の経営は厳しく、地方紙は廃刊が相次ぐ。出版調査機関の米ＡＡＭ（旧ＡＢＣ）によると、14年の米新聞社数は計１３３１社。00年から約１５０社が姿を消した。総発行部数は４０４２万部で、ピークだった80年代の６割強だ。

ニューズ・コーポレーションやトロンクなど多数の有力紙を抱えるメディア大手は、収益性の低い新聞事業を切り離して分社化した。

新聞各社は単体での生き残りを迫られている。取材力が低下し、行政や企業を監視する役割を担う記者が減った結果、汚職や企業の不祥事が表面化しづらくなった。

▽地方紙の役割

「農地に風車建設の計画」―。米東部メリーランド州の田舎町チェスタータウン。大豆農家のジャネット・ルイスは15年３月、地元紙「ケント・カウンティ・ニューズ」の一面記事で大規模な工事計画を初めて知った。

石畳の道など古い町並みが自慢の町に、高さ約１５２メートルの巨大風車を50基も建てるという。近郊の大都市ボルティモア最大のビル（40階建て）に匹敵する高さだ。

ケント紙は前身の創業が１７９３年と古い歴史を持つ。だが、コスト削減のため記者の数は減り続け、現在は記者３人と助手１人だけ。ルイスは「（風車計画の）続報を求め、ケント紙に何度も手紙を送ったが返事はなかった」。人員不足で取材に手が回らないのだ。

２０００年に入社したケビン・ヘムストックは「助手を解雇しろ」と会社に言われ、逆らって自分が辞めた。地方紙の窮迫する現状に、危機感を募らせる。「ネットに出ない地方の問題を報じるのが地方紙の存在意義。民主主義を守るため、その役割を人々に思い出してほしい」。

★足で掘り起こす★

「新聞の混乱はこれからも続く」。ゴットリーブの言葉を聞いて、暗い気持ちになった。２０１３年に米国に赴任して以来、新聞社の人員削減や合併・買収（Ｍ＆Ａ）話は数多く耳にしてきたが、明るいニュースはほとんどない。

紙面を持たないウェブサイト中心の新興メディアが次々と誕生し、競争は激しい。インターネットで公開された記事は瞬く間に模倣、拡散される。人々が日記やフェイスブックでシェアする記事も、聞いたことがない無名メディアが発信元というケースが増えた。

だが、地方ニュースや調査報道は、経験豊富な記者が足で掘り起こす新聞に強みがある。ネットで入手した情報だけで書いた記事に魅力はない。独自の取材で、他の追随を許さない記事を書かなければと改めて思う。

山本慶一朗＝２０１６年12月７日

■ **最前線で** ■

困窮の中「やるしかない」

仕事を全て断り、友人との連絡も絶って自宅にこもった。アイスランドの調査報道記者ヨハネス・クリスチャンソンが分析を続けるのは、タックスヘイブン（租税回避地）につくられた法人の秘密資料、通称「パナマ文書」。壁に人名を張り出すと、自国の政治家たちが並んだ。首相グンロイグソンの名もある。

首相は英領バージン諸島の会社を購入し、秘密裏に数百万ドルの投資を行っていた。政治生命を直撃するスキャンダルだ。もし誰かに見られたら―。怖くなり、自室の窓を黒いビニールで覆った。

▽誰にも言えない

テレビ記者歴15年、44歳のクリスチャンソンが国際調査報道ジャーナリスト連合（ＩＣＩＪ）から連絡を受けたのは２０１５年５月。「合同取材に加わらないか」。すぐに記者人生最大の仕事になると確信した。

北緯65度の海に浮かぶ人口33万人の小国。「表立って取材すればすぐ知れ渡り、首相は正当化の言い訳をでっち上げる」。国営放送との契約が切れた直後で自由の身。首都レイキャビク郊外の自宅を拠点に、全てを隠密に調べると決めた。

収入は途絶えた。妻ブリーニャ・ギスラドッティルが経理事務の内職をしたが子ども3人を育てるには足りず、11月には貯金が底を突いた。

「ブリーニャに、もうやめてと言われたこともある」とクリスチャンソン。「私も不安だった。でも夫婦で話せば、結論はいつも『やるしかない』。彼女は私の最大の支援者なんだ」

ブリーニャがうなずく。「やり遂げたとしても、どんな反撃を受けるか。でもこの問題は伝えなければ。国のことを考えるべき人たちが、海外に金を隠すなんて」

市民団体が出す雑誌の編集を手伝って窮地をしのいだクリスチャンソンは、年明け、首相を直撃取材する計画を練る。

▽370人の連携

レイキャビクから約2700キロ離れたドイツ南部ミュンヘン。ここにも極秘でパナマ文書の分析に神経をすり減らす記者たちがいた。

「データに興味はあるか」。15年初め、匿名メッセージを受け取った有力紙南ドイツ新聞の記者バスチャン・オーバーマイヤーは「とても興味がある」と返信した。

送られてきた秘密文書は1150万通、データ量にして2・6テラバイト。租税回避地の法人利用に関わったのはロシア大統領プーチンの友人、中国国家主席習近平の義兄、英首相キャメロンの父、そしてアイスランド首相グンロイグソン…。

国際的な合同取材が必要と判断した南ドイツ新聞は文書をＩＣＩＪに提供し、約80カ国、１００を超す報道機関の３７０人の協力態勢を築く。合同取材の理由はもう一つあった。「安全」だ。政治家や犯罪者が報道を妨害しようにも「３７０人の記者がいれば、１人や２人を武器で黙らせる意味がない」とバスチャン。一方で秘密保持のため、データの保管場所には特別な鍵を掛け警備員も入れなくした。

辞任へ追い込んだアイスランド首相の署名が入った、タックスヘイブン利用の証拠文書を見せるヨハネス・クリスチャンソンと妻ブリーニャ・ギスラドッティル。パナマ文書の解読はこの部屋で行われ、窓には中が見えないようにするために付けた黒いビニール（左奥）が残っていた＝アイスランド・レイキャビク（撮影・澤田博之）

バスチャンと、同僚のフレデリク・オーバーマイヤーの30代記者コンビはパナマ文書分析と調査に没頭した。記事を出さなくなった2人を周囲はいぶかしむ。フレデリクはエレベーターで友人に言われた。「長期休暇でも取っているのか」

▽奇襲作戦

アイスランドでは、クリスチャンソンの直撃取材に首相をおびき出すため、ＩＣＩＪに参加するスウェーデン公共放送SVTが一芝居打つことになった。SVTが「経済危機からの脱出」をテーマに首相単独インタビューを取り付け、クリスチャンソンは「アシスタント」として同席する。

SVT記者が租税回避地法人について問うと、首相の顔色が変わった。クリスチャンソンが1枚の文書を手に切り込んだ。「答えてください。あなたのサインがここにある」。首相は顔をこわばらせ「くだらん。仕組んだな」と席を蹴った。勝負は決した。

クリスチャンソンはインタビュー映像をアイスランド国営放送に持ち込んだ。スタッフは仰天、興奮し、すぐ特別番組の準備を始めた。

16年4月3日夜（日本時間4日未明）。パナマ文書報道が世界で一斉に始まった。クリスチャンソンの首相インタビューは、国民の60％以上が見たと推計された。

南ドイツ新聞のウェブサイトにはアクセスが集中し、サーバーがダウンした。新聞の売れ行きは1割以上アップ。女性読者からは「貴紙を支えたい。寄付はどうすればいいの」と連絡が来た。

英国、スイス、アルゼンチンなどで抗議デモや捜査が始まった。アイスランドでは史上最大規模のデモが起き、4月7日に首相は辞任した。

アイスランド国会前を埋め尽くすデモを、近くのビルから見つめる男女がいた。クリスチャンソン夫妻だ。抗議の声はいつまでも終わる気配がない。クリスチャンソンはそっとブリーニャの肩を抱いた。

★記者として生きる★

国際調査報道ジャーナリスト連合（ＩＣＩＪ）のパナマ文書報道には日本から私たち共同通信も参加した。報道開始前、文書の存在自体が秘密だった時期のルールが「普通のメールでこの件に言及してはならない」。メールに書くなら暗号化が義務。どこで盗み読まれるか分からないからだ。

従いつつも実感は乏しかった。だがクリスチャンソンに会い、窓に目隠しを施し、仕事を断ってまで情報漏れを防ごうとしたその不安と緊張、使命感が胸に響いた。

調査報道の意義は大きくても、コストがかかり、関係者には嫌われる。諦める誘惑は強く、振り払って報じてもトラブルや訴訟が待つかもしれない。生活に窮してもそんな勝負に懸けたクリスチャンソン。記者として生きる、その意味を改めて考えた。

澤康臣＝2016年9月7日

■最前線で■

「不信の壁」崩せず敗北

「ヒラリー・クリントンが放った敵は誰か。主要メディアだ。結託して私をつぶそうとしている」。

満員の集会場。ドナルド・トランプが手を広げて壇上から訴えると、選挙スローガンの「米国を再び偉大にする」と書かれた帽子をかぶった男たちが声を上げた。

「くたばれCNN」「真実を伝えろ！」。米大統領選の共和党候補トランプが戦い、ねじ伏せたのは民主党候補のクリントンだけではない。

公職経験ゼロの異端児の台頭を予見できず、有権者の間に広がる「メディア不信の壁」を崩せなかった既存メディアもまた、敗北したのだ。

▽トランプの帝国

「うそつきヒラリー。腐敗しきっている」「バラク・オバマは史上最悪の大統領としての名を残すだろう」

トランプは大統領選出馬を表明した2015年6月以来、昼夜を問わずツイッターに政敵への〝口撃〟を打ち出してきた。フォロワー数は1400万を数える。眉をひそめるような暴言の数々はリツイート（転載）されて全米に拡散し、ニュースを席巻し続けた。

「短くパンチの効いた言葉。内容はなくてもいい。会員制交流サイト（SNS）に囲まれて生きる人々に自分を売り込む方法を知り抜いている」。米セント・ジョセフ大でメディア研究を続けるセオドア・ハムはそう分析する。

トランプは人気テレビ番組の司会役としてメディア操縦術を培った。デジタル空間でも、自分というブランドのトップセールスマンになったのだ。

米大統領選を間近に控え、激戦区といわれたノースカロライナ州でトランプ氏の演説に歓声を上げる人たち＝同州セルマ（撮影・喜多信司）

不法移民阻止のための「国境の壁」建設やテロリストの拷問容認など過激な公約を掲げては、非難の集中砲火を浴びせる主要メディアを「既得権益層の手先」と位置付け、支持者にこう呼び掛けた。「このシステムは不正だ。信じるな」

ツイッターやフェイスブックでの情報発信に加え、選挙直前にはネット上でライブ配信の番組を開始し、「偏向したメディア」を迂回して自らの主張を届けると言い放った。それはトランプが築いた情報空間における「帝国」だ。

▽「中立」信じない

16年10月、中西部オハイオ州で開かれたトランプの選挙集会。長蛇の列をつくる支持者の中に、38歳の会社員モーガン・コルターがいた。「テレビなんて見ないよ。ヒラリーばかり応援してフェアじゃない」。彼も「帝国」の住人だ。

ニュースはネットでチェックしている。コルターが挙げたのは、陰謀論を展開することで知られる右翼系サイトだ。トランプはここでインタビューに応じて「過激なイスラム主義者が米国を攻撃する。監視を強めなくては」と語っている。

事実検証サイト「ポリティファクト」によると、選挙戦開始から10月末までのトランプの発言は「ほぼ虚偽」「虚偽」「大うそ」が約7割。その主張をなぞるような非主流右派メディアは、トランプの快進撃とともに利用者を集め、無視できない存在に成長した。トランプ政権の首席戦略担当兼上級顧問に決まったスティーブン・バノンは、代表的な保守系サイト「ブライトバート・ニュース」の運営者だ。

主要メディアについて「大企業に操られている。中立なんて信じない」と話すコルターは、勤めていた工場の人員縮小で無職の時期が続いたという。「何か割を食っている」。鬱屈した感情に答えるのは「客観的事実」とは別のものだ、と言いたげだった。

▽あの米メディアは

11月8日、各種世論調査でリードするクリントンの勝利を織り込んでいた米メディアは「トランプ大統領」誕生という番狂わせの結末に戸惑いを隠せなかった。

過去の女性蔑視発言などの醜聞が次々と判明したことを受けて大半の米紙がクリントンを支持、トランプの予想勝率は2割前後をさまよっていた。だが、主要メディアを含む「支配層の圧力」で劣勢に追い込まれたとみた支持者は、逆に結束を固めていたようだ。

ＣＮＮテレビで番組を持つブライアン・ステルターは、トランプが主要メディアの正当性を徹底的に奪うことで「メディア戦争に勝利した」と話した。「醜い現実だ。メディアと人々の関係は永遠に変わってしまった」

今年のギャラップ社の調査では「メディアを信頼できる」との回答は32％と過去最低に。メディア不信が高まる中で行われた今回の選挙では、共感できるニュースだけを選んで提供するＳＮＳに人々が吸い寄せられていった。この動きに火を付けたのが、トランプだ。

大統領ケネディ暗殺の瞬間を伝え、ニクソンが政権を追われる契機となったウォーターゲート事件を暴いて世界中をくぎ付けにした、あの米メディアはもう存在しないのかもしれない。米国ではいまトランプ勝利に抗議するデモが拡大しているが、テレビはこの国の分断を映すだけだ。

★重い敗戦処理★

「国境に壁を築け」「クリントンを投獄しろ」―。トランプの選挙集会では、暴力性さえ帯びる主張に人々は「ＵＳＡ」の喝采で答えた。自由と民主主義を重んじてきたはずの米国の「本音」を引き出す磁力があった。

グローバル化に押し流されたと感じる白人労働者層の怒りをすくい取るようにトランプは支持を拡大した。オバマ大統領の選対幹部を務めたデビッド・アクセルロッドは「差別的な主張は人を引きつける道具だ。彼は日和見主義者にすぎない」。

だが、アウトサイダーを大統領の座に押し上げた「取り残された人たち」の声を既存メディアが把捉できなかったことは確かだ。敵をつくることで熱狂を生むトランプ流に翻弄され、本来の役割を見失ったメディアには、重い「敗戦処理」が待ち構えている。

豊田祐基子＝2016年11月23日

■最前線で■

路地駆ける少年少女記者

「そのテーマはもう書いた。違う切り口はないの」。インドの首都ニューデリー南部の雑居ビル地下1階。21歳の女性編集顧問シャノの声が響く。身長150センチに満たないが、迫力は十分だ。編集会議は、2時間を超えても熱を帯びていた。

ござの上で車座になった編集幹部は男女4人。16歳のジョイティが提案した。「東デリーで14～15歳の十数人の女の子が薬物中毒になっているとの情報がある」。協力者の少年が寄せたネタだ。大人の男が少女だけに薬物を無料で配っているという。シャノは「すぐ確認取材して。事実なら1面トップ」と告げる。締め切りは1週間後。シャノは会議を切り上げた。

▽記者をしたい

シャノとジョイティらが関わる月刊新聞「バラクナマ」は普通の新聞と少し違う。ストリート・チルドレンと呼ばれる路上生活や児童労働を強いられた子どもたちが取材して書く。意味は「子どもたちの声」。ヒンディー語版約5千部と英語版約3千部。8ページで1部2ルピー（約3円）だ。

昨年引退しアドバイザー役に就いたシャノは8歳から11歳まで、ズボン工場で1日11時間半も働いていた。「稼ぎ手が減るのを恐れる両親を説得するのに6カ月かかった。ぶたれたけど、教育を受けたい、記者をしたいと泣いて頼んだ」

ジョイティは4年前まで高架駅下で物乞いをするのが日課だった。「酒もたばこも当たり前にやった。楽しいことだと思っていた」。母親と共に郊外で40人以上の人々と公設シェルター暮らし。記事をうまく書きたいから、夜は国道沿いの街灯の明かりで勉強する。

バラクナマの紙面には「学校に行けるとうそをつかれ、出稼ぎに」「ホームレス少年の友情」などの見出しが躍る。取材力は侮れない。

警察官がホームレスの少年に鉄道事故に遭った遺体の撤去を恒常的にさせていたスキャンダルを報じ、全国紙やテレビ局が追随したことも。ジョイティも昨年、10歳以下の少年少女が知らずにコカインの運び屋をさせられていた事実をつかみ、特ダネを放った。

▽メディアへの疑問

この取り組みを考案した非営利団体（NPO）「チェトナ」の責任者サンジャイ・グプタは常々、

大手メディアの視線に疑問を持っていた。「貧困、虐待、犯罪、児童労働。メディアが子どもを語る際、負のイメージで描く」。逆に子どもたちから見たら、この世界はどう映るのだろうか。

46歳のグプタは「正式なデータはないが、首都圏の路上の子どもたちは数十万人との見方もある」と話す。職を求め地方から上京する人々でスラムは日々拡大。路上の子どもも増え続け、実態を知る必要があった。

「チェトナ」の目的はもともと路上の子どもたちに教育の機会を与えることだ。新聞に興味を示した子どもだけを勧誘。大手メディアから講師を呼び、基本を教え土台作りから始めた。創刊は2003年だ。

現在、記事を書く子ども記者が14人。読み書きができず、情報提供に徹するリポーターが約60人いる。首都圏や北部アグラの貧困地区に住み、新聞の収益は記者やリポーターの教科書やノート代などに充てられる。

▽怒鳴られても

駆け出しリポーターの後を追った。

「学校に行く年なのに、なぜ働いているの」。廃材でできた小屋が国鉄の線路沿いまで迫ったキルティナガル地区。柵もなく、列車がごう音を立ててすぐそばを通る。40度を超える炎天下で11歳のニティシュは打ち解けない少女たちに粘り強く耳を傾けた。くず拾いをする少女らは10歳前後。「（通学は）親が許してくれない」。聞き出した情報は少ないが、ニティシュはめげない。「話してもらう

ニューデリー・キルティナガル地区のスラムで、学校に行かずゴミの山でくず拾いをしている少女らの話を聞く、駆け出しリポーターのニティシュ（左端）。炎天下で粘り強く話に耳を傾けていた（撮影・浮ケ谷泰）

には時間がかかる。また来るよ」

ニティシュの家族は最貧州の東部ビハール州出身で、首都に移り住んで5年。父親はアルコール依存症で両親とも読み書きはできない。ニティシュも1年前まで出生登録もなく、学校に通えなかった。電気がない6畳ほどの小屋で弟妹2人と両親の帰りを待つのは退屈でつらかった。

今、ニティシュが追っているのは、地区の児童労働の実態。取材をやめろと雇用主から怒鳴られることもある。「もちろん怖いよ。大切なことだから勇気を出すんだ」

年少のリポーターが集めた情報に基づき、10代後半の経験のある記者が確認取材をする。英語版への翻訳以外、大人はほぼ手を貸さない。

「政府も社会も私たちを直視しない」。アグラで記者をする16歳のプーナムは家計が苦しく今も早朝に働いた後、学校に通う。教育を受け始め、記者になったのは3年前。将来は教師になりたいと思っているが、今は記者として子どもたちの声をもっと知りたいし伝えたい。「自分が伝えたことで、子どもの世界が変わるなら」。路地に通う日々は続く。

★一緒に遊ぶ★

路上の子ども記者たちは携帯電話も持たないし、インターネットも使わない。気になった子どもに声をかけ、横にちょこんと座る。話が弾まないときは一緒に遊ぶ。非効率で時間はかかるが、目線は相手と同じ高さだ。

日本では新聞やテレビ局など大手マスコミは、ネット上で「マスゴミ」とからかい交じりに呼ばれる。災害現場や街角取材で、警戒心をあらわにする人も多い。

どうしてこうなったのか。グプタはインドの大手メディアについて「形式主義で紋切り型」と指摘した。シャノはもっと手厳しい。「エリート主義で現場を知らない」

日本の報道の在り方も「上から目線」と批判されることがある。われわれは原点をおろそかにしていないか。子ども記者を取材していて、そんな思いにとらわれた。

角田隆一＝2016年7月13日

■最前線で■

生活の真ん中、伝統支える

「クズザンポー（こんにちは）。全国の皆さん、歌を下さい」。ブータンの首都ティンプーの木造スタジオに、柔らかなゾンカ語が広がった。

チベット仏教の5色の経文旗がはためく涼しい夏の午後。日本の着物に似た「キラ」姿のツェリン・デマがラジオのマイクに向かうと、電話が鳴り始めた。西部のバナナが実る亜熱帯の町のリスナーから。東部の標高4千メートルの町からも。

▽のど自慢が人気

「山の谷間に深い川。あなたの村はいつも見えるけど、言葉は届かない」――。東部ルンツェのリスナーが携帯電話で民謡を歌うと、デマは「母と牛を追った昔を思い出しました」と優しく返した。「楽しんでください」。1時間半、歌と会話の絶妙なやりとりが続く。

21歳のデマは、2006年開局のブータン草分けの民放「クズFM」で歌やトーク番組のパーソナリティーを務める。流行歌の放送に加え、リスナーがスタジオに電話をかけて自ら歌う「のど自慢」が人気だ。「携帯の電波が山に遮られて、途中で電話が切れてしまうことも」とほほ笑む。

西部プナカ近郊の農家の次女。14歳までテレビはなく、ラジオが友達だった。大学受験の準備のため、17歳でティンプーへ。アルバイトを始めたのは13年2月だが、「その日のうちに採用され、いきなり民謡を歌わされた」と振り返る。

1人で放送機材も操り、週5回の番組を担当、月収は9千ヌルタム（約1万4千円）。毎朝、自宅アパートにある高さ約2メートルのマニ車をくるくると回して出勤する。経文が書かれ、一度回すと読んだことになるという。

「親しみやすくて、声がきれい」。デマのファンの1人、東部サクテン地区出身で19歳のドルジ・ツォモは評する。2年前から100回以上、歌をリクエストしてきた。山岳地帯で50頭の牛やヤクの放牧をしていた時は「ラジオの電波が入る尾根を探し回っているようなものだった」と振り返る。デマの元には、未舗装の山道を車で2日かけて会いに来る「追っかけ」も生まれた。

▽手探りで番組を

「国民総幸福量」の向上を憲法に盛り込み「幸せの国」と呼ばれるブータン。自給自足の伝統を維持するため、放送を国営ラジオに限る「鎖国状態」を続けてきた。テレビとネットが解禁されたのは1999年だ。

「雪の大みそかだった」。国営ブータン放送の元キャスターで38歳のダワは2003年末、リスナー参加のリクエスト番組を始めた日を振り返った。「それまでは真面目なニュースを読んでいた。話題が思いつかず、（電話をかけてきたリスナーに）あちこちの天気ばかり聞いていた」

酔っぱらいが電話してきたり、家族を亡くした人が泣き叫んだり。手探りで娯楽番組を作り続け

ラジオを囲みお茶を飲む家族。長女のプップ・ハム（左から2人目）は「音楽のリクエスト番組を通じてできた友達とラジオでつながっていることが楽しい」と話した＝ブータン・ポブディカ（撮影・仙石高記）

た。13年までに、クズを含め五つの民放ラジオ局が発足した。

ブータンには電気のない村も少なくない。「でもラジオなら電池で聴ける。村から村の移動は車や徒歩で数日がかり。ラジオはその間の唯一のメディアだ」とダワは言う。携帯電話の普及でリクエスト番組への参加が容易になり、ラジオは先進国などとは逆に存在感を増している。人口78万人の国で保有率はテレビの倍、約6割とされる。

さまざまな少数民族が暮らす国で、隣接する大国の中国とインドにのみ込まれないため「国民の一体感」は欠かせない。

「ブータンは小さな国だ。ラジオが人々を結び付けている。失ってはいけない伝統を守る武器だ」とダワは語った。

▽ゾンカ語教師に

クズＦＭのデマは番組に出演後、毎日２時間、予備校で公用語のゾンカ語や英語を学ぶ。複雑な敬語表現を持つゾンカ語。デマは「人と人が協力するために必要な言葉。ラジオでも丁寧な言葉遣いで話そうとしている」と言う。だが、衛星テレビやインターネットの普及で英語があふれ、ブータンの言葉が将来も守られる保証はない。

国連教育科学文化機関（ユネスコ）はブータンの19言語を消滅の危機にあると指定し、ゾンカ語すらも「脆弱」と位置付ける。デマは「大学を卒業したら、将来は国語の先生になりたい」。チベットとの国境に近い、ヒマラヤの雪山を望むラヤ村で、いつかゾンカ語を教えたいと願う。

ティンプーの仏塔メモリアル・チョルテン。インド製ラジオと紅茶の瓶を肩にぶらさげた89歳のジョチュがいた。夜明けから日没まで、ラジオの音楽を聴きながら、人口10万の小さな首都をぶらつく。人々に「ラジオおじさん」の愛称で親しまれている。

「妻に先立たれ、親戚もいない。１人暮らしで、ラジオだけが友達だ。ラジオを聴いていると、腹も減らないよ」

顔をくしゃくしゃにして笑った。人波が途切れない祈りの場で、ラジオを胸元に引き寄せて、ジョチュはいつまでも聞き入っていた。

★幸せの理由★

広場や寺で一日中ラジオを聴く「ラジオおじさん」ジョチュと最初に会ったのは長屋の一角にある自宅だった。病に伏していた。年金は月に千円程度。4畳半ほどの狭い自宅にある家電は古いラジオだけだった。

お見舞いの食料を持って翌朝再訪したところ、既に回復したのか姿を消している。捜し回ると、通りで次々と目撃情報が集まった。「そこの食堂で食事をおごってもらっていた」「あの店の前で踊っていた」。体調不良のうわさが広まり、近隣の人々や店員らも心配して見守っていたようだ。

ジョチュの大切なラジオは2年前、家電店が窮状を見かねてプレゼントした。身寄りのないジョチュを、街全体が慈しんでいる。ブータンがなぜ「幸せの国」と呼ばれるのか、その理由が見えたような気がした。

高山裕康＝2016年9月14日

第2部　表現の現在

■ 究極の抗議 ■

火柱となった19歳の娘

流れる雲に手が届きそうだ。だが群青の空はどこまでも高い。黒いヤクの群れが草原をゆっくりと動く。馬上の男の口笛がかすかに聞こえる。

標高3千メートルを超える中国のチベット高原。ヒマラヤ山脈につらなるこの雄大な地で、チベット仏教と共に生きる人々の焼身抗議が続いている。中国当局の圧政の下で宗教と民族の自由を訴え、自分の命が他者の幸せにつながることに希望を託して火柱となる。２００９年から約１５０人。中心は10代と20代だ。

甘粛省の遊牧民の家族に生まれたツェリン・キは12年、19歳で焼身抗議の死を遂げた。尼僧以外の女性で初だった。「悲しくはないんです。娘が自分で決めて思いを遂げたんだから」。40代の母ドルマ（仮名）は数珠を手に涙をそっとぬぐう。額の深いしわと少女の純粋さが残る声。娘が残したサンゴ色の首飾りをセーターの下に着けている。

▽ただ生きていても

ああ、そうだったのか―。真夜中に車を飛ばして来た親戚が娘の焼身を告げた時、ドルマはただ、そう思った。「私は幸せよ」「結婚するから、もう会えないかもしれない」。あれは別れの言葉だったんだ。涙があふれたのは数日たってからだった。

ツェリン・キは9歳で小学校に入学した。遊牧の仕事も好きだったが、勉強をしたがった。学校では成績優秀で得意科目はチベット語。中高一貫の民族学校では作文で何度も表彰された。人前で話すことや高音で発声するチベット民謡も得意。「記者になりたい」と言った。故郷を離れて寄宿舎生活だったが、母の健康をいつも気遣った。

娘ツェリン・キの形見の首飾りを握る母ドルマ。19歳の学生だったツェリン・キは、2012年、中国政府のチベット抑圧に抗議し焼身した＝中国・甘粛省（撮影・高橋邦典）

北京五輪開幕前の08年3月、チベット自治区ラサやその周辺で、宗教の自由を求める僧侶や住民の大規模なデモや暴動が起き、治安部隊との衝突で数百人が死亡した。中国政府は武力で一部の寺院を閉鎖し僧侶の「愛国教育」を強化。チベット民族にとって観音菩薩の化身であるダライ・ラマ14世を「悪魔」と呼び、僧侶らを厳しく監視した。1年後、四川省で

25歳の僧侶が抗議の焼身をする。各地で僧侶や尼僧が続いた。

10年、チベット語の授業を制限する方針を当局が発表すると、言語の自由と権利を求める学生デモが各地で起こった。ツェリン・キも学校の友人たちとデモをしたが、尊敬する詩人の学校長が責任を問われ解雇された。

ツェリン・キは「ラギャ（チベットのための心）」を口にすることが多くなった。このままではチベット語が消滅し、文化が死ぬ。民族が滅んでしまう。「チベットのために何かしたい。ただ生きていても意味はない」。娘がそう言うたびにドルマはあきれて言った。「今は勉強でしょ」。

▽最後の夜

12年1月からの冬休み。仏壇の前で娘が「心を決めなくちゃ」とつぶやくのを何度か聞いた。ドルマは「結婚でもするの」とからかった。ある日、ダライ・ラマ14世の帰還を願う文を娘がノートに書いていると知った。帰還はドルマの願いでもあったが、書くのは危険だ。「誰かに見られたらどうするの」。ドルマはいさめた。

3月1日夜。ツェリン・キは「一緒に寝よう」とせがみ、母娘は布団を並べ朝までおしゃべりした。「家族にも学校にも恵まれて私は本当に幸せ。（巡礼のため）ラサに行ってないのが残念なの」。父親からもらった500元（約9千円）で「すてきな服を買って結婚しようかな」と笑った。ドルマは翌日、学校がある町へ娘を送り出した。

ツェリン・キはその日、町の親戚の家に泊まった。夜、念入りに体を洗い、新学期が始まる3日は早朝に起き髪飾りをした。携帯電話を借りて誰かと長く話した後、同じ学校で学ぶ親戚の子と家を出た。途中、店で脱脂綿を買い親戚と別れた。その後の足取りははっきりしない。ガソリンを入れたタンクを手に歩く姿が街角の監視カメラに写っていた。

▽草原の歌声

ツェリン・キは大通り沿いにある果物市場の奥のトイレでガソリンをかぶった。脱脂綿は体に巻き油をしみこませたらしい。炎となりながら何かを叫び、通りまでの数十メートルを走った。ドルマはそう聞かされた。

「市場で焼身だ」。騒ぎを聞き市場をのぞいた親戚は、燃えた体のそばに落ちていた髪飾りなどからツェリン・キと知り卒倒した。警察は一帯を封鎖し、トイレの壁に書かれた文を消し、遺体を運び去ったという。サンゴ色の首飾りが親戚の家に残されていた。

「大きな仕事をしたね、と言ってあげたい」。今ごろは転生し指導者になるべく育っているとドルマは考えている。「でも歌声を録音しておけば良かった」。それだけが心残り」。携帯電話に入れたチベット民謡を聞かせてくれた。夏の草原で幼いツェリン・キが大人をまねてよく歌っていた歌だ。

チャン（地酒）を1杯飲んだら心楽しく／2杯飲んだら人生の苦難を忘れる―。

★癒えぬ悲しみと祈り★

なぜ彼らは最も苦しい抗議方法を断行できるのか。決意を誰にも告げることなく他者の幸せを祈り、油をかぶって自らに火を放つ。世界各地でテロが横行する中、チベットの人々が選ぶ抵抗手段が、他者を傷つけない究極の非暴力抗議であることは衝撃的でさえある。

仏陀が前世、飢えた虎に自らの体を差し出した物語はチベットの若者の間でもよく知られているという。利他を目的とした自己犠牲は「菩薩の行い」とされ、チベット仏教ではより高いレベルの人間に転生すると考えられている。

それでもやはり、なぜ、と思う。

母ドルマは時に、せきを切ったように娘について話した。癒えぬ悲しみと祈りが、言葉とまなざしにあった。彼女にとって娘は空の向こうではなく、地上にいるのだ。

舟越美夏＝2016年2月3日

■究極の抗議■

届かぬ叫び、動かぬ世界

タシ（仮名）は運転の間ずっと、お経を唱えている。運転席の日よけの裏には、中国当局に見つかると危険なチベット仏教最高指導者、ダライ・ラマ14世の写真。晩秋の草原に遊牧民の黒テントが並び、どこまでも延びる道で仏教の礼拝、五体投地をする人がいる。「カメラを隠して」。検問が近づくとタシの友人、建築家の中原一博が言う。焼身抗議が相次ぐ中国のチベット高原を旅した。四川省ゾルゲ県。町を歩く人の大半はチュバ（チベットの民族衣装）姿だ。携帯電話販売店は若い僧侶たちでひしめく。だが通りに並ぶ店の看板は中国語だ。

この町の寺院で２０１２年と13年、20代の３人の僧侶が相次いで焼身抗議死を遂げた。チベット民族にとって、慈悲を象徴する観音菩薩の化身ダライ・ラマ14世の否定や「愛国教育」の強制など、中国当局の圧政への抗議だった。「僧侶たちが囲み、炎が消えるまでお経を唱えていた」。焼身現場となった本堂横の広場で中原が静かに語る。

▽私をよすがに

大学で建築を学んだ中原は30年前、請われてチベット亡命政府があるインド北部ダラムサラに家族で移住、庁舎や寺院、ダライ・ラマ14世のベッドまで設計した。その傍ら、心身に傷を抱える尼僧ら中国から逃れた元政治犯を支援した。09年2月、初の焼身抗議が四川省の僧院で起こる。以来、現場から命懸けで届く「究極の非暴力抗議」をブログで発信してきた。

「チベット人的な行為だ」と63歳の中原は言う。強大な武力で抑え込まれた人々が取る焼身という最も苦しい抗議手段は、他者の幸せのための自己犠牲を尊ぶ「菩薩思想」に基づくからだ。「真理と慈悲を愛する小さな人々が味わう拷問と苦しみについて、人々が考えるよすがとならん」。22

歳で焼身した僧侶は遺書にこう記している。

焼身者らは寺院や町中で「チベットに自由を」「ダライ・ラマ法王の帰還を」と叫び自らに火を放つ。数メートルに達する炎の中で立ち尽くす尼僧。最後まで手を合わせたままの僧侶。激しい行為とは裏腹に、焼身者の生前の顔写真はあどけない。

中原は、彼らの願いが簡単には実現しないことを分かっている。国際社会は中国が主張する「内政問題」の壁を越えない。焼身者が150人近くになっても、世界は動かない。そのことが中原を涙させる。

焼身者一人一人の人生をたどりたい。中原の願いでもある。

▽憎しみではなく

焼身をどう思う。あるときタシに尋ねると、考えながらゆっくりと答えた。「最も訴える力がある抗議方法だ」。だが条件がある。「誰かを憎んでの行為ではなく、他者の幸せのためでなければならない。僕にはできないことだ」

40代のタシは遊牧民生まれ。話している時以外は口の中でお経を唱えている。怒りをあらわにすることがない。時折、子供のように笑う。学校には行かなかったが、チベット語の読み書きに不自由はない。「法王（ダライ・ラマ14世）がチベットに帰還すれば、命あるものに良いことが訪れ、僕たちは人としてのレベルが上がるんだ」と諭すように言う。

中華人民共和国建国の指導者、毛沢東の肖像ポスターが食堂や民家の軒先に張られている。「魔

中国・四川省で、僧院近くにある丘を歩く僧侶。雪のように見えるのは、人びとが祈りと願いをこめてまく紙のお札。空を駆け上がり仏神に願いを届けると信じられている「ルンタ（風の馬）」が描かれている（撮影・高橋邦典）

よけになるから張れって役人が持って来るんだ」ととぼけたようにタシは説明し、ポスターのせいで違法伐採が増えた、と笑う。「伐採しても木の精の怒りを避けられるってね」

タシはもちろん毛沢東時代の1950年代、人民解放軍がチベットに侵攻し、寺院を破壊し僧侶ら大勢を虐殺した歴史を知っている。共産党が言う「平等」を信じ、軍を歓迎したチベットの人々がいたことも。淡々とした口調に非難めいたものはない。一方で、タシは警戒を怠らない。携帯電話は当局の盗聴を覚悟し、時にはカメラをバッグに隠すようにやんわりと私たちに指示する。

▽**有刺鉄線**

甘粛省の小さな町。「食べていって」。子

どもを抱いた若い女性に促されて小さな住宅に入り、ぎょっとした。読経が音楽のように流れ、ダライ・ラマ14世の写真が堂々と掲げられている。

差し出されたテントゥク（平たい麺の煮込み）が、高地の薄い空気と寒さで疲れた体を温めた。タシも中原も私も夢中で食べた。「法王の帰還まで焼身は続くでしょう」。傍らで女性は言った。

文化大革命の際に破壊された僧院跡がある丘にのぼり、町を見下ろした。大草原に不釣り合いなコンクリート群の端に、遊牧民の定住化政策用の長屋がずらりと並ぶ。草原を区切る有刺鉄線が遊牧民の移動を制限していた。この町でも若者が焼身抗議した。その叫びに世界が耳を傾け、焼身がやむ時が来るだろうか。

まぶしい陽《ひ》と冷たい空気が、群青の空をさらに高くしていた。

★抵抗手段なく★

「焼身抗議」に電話や電子メールで触れてはいけない。当局が最も神経をとがらせている問題のひとつだから——。出発前にそう警告された。

実際、焼身者の家族や所属する寺院の僧侶らはしばしば拘束され、死刑の判決が出されたこともある。焼身の目撃者は危険を覚悟で携帯電話などを使い、情報を外国に送る。

国際人権団体「ヒューマン・ライツ・ウオッチ」は、遊牧民を含む２００万人以上のチベット民族が転居や移住を強いられ、伝統文化や生活様式が損なわれていると警告。またそうした政策に抵抗し救済を求める手段がないと指摘している。

「とても悲しいことだ」。ダライ・ラマ14世は焼身抗議についてこう述べ、抑圧的政策の中止を呼び掛けた。しかし中国政府は２０１６年、宗教弾圧強化の方針をあらためて明確にしている。

舟越美夏＝２０１６年2月10日

■劇場と自由■

「天井なき監獄」で闘う

がれきと化した建物が続く。戦闘で徹底的に破壊された町並み。その中に、色鮮やかなレッドカーペットが敷かれた。２０１５年５月、パレスチナ自治区ガザ。前年のイスラエル軍侵攻で２２００人以上が死亡してから９カ月。傷痕も生々しい廃虚で開かれたのは、映画祭だった。

「一息つくことが必要だ。ガザの人々はテロリストではなく、人生を愛する人間だというメッセージを世界に伝えたい。映画は銃弾よりも早く（それを）伝えることができる」。映画祭を組織したハリル・モジアンは、多くの血が流れた土地に華やかな映画祭の象徴、レッドカーペットを敷いた思いをこう語った。

▽世界へ開かれた窓

ガザは面積３６５平方キロ。福岡市ほどの広さに、１８０万人超が暮らす。実効支配するイスラム原理主義組織ハマスとイスラエルとの間で戦闘が繰り返され、住民の多くが愛する人を失った悲しみを抱えている。

ガザの境界は、イスラエルとエジプトに厳しく管理され、物資や人の移動は制限される。ガザを

舞台「ガザのロミオとジュリエット」の稽古風景。中央は演技の指導をするアリ・アブヤシン。ガザの若い男女が恋に落ち、対立する双方の父親から反対を受ける―という物語＝パレスチナ自治区ガザ（撮影・中野智明）

出たことがない人も少なくない。こうした状況から「天井のない監獄」とも呼ばれる。

モジアンは１９６３年にガザ南部ラファで生まれた。初めて映画を見たのは８歳の時。エジプト映画だった。映画館内は混み合い、たばこの強いにおいがした。気分が悪くなって吐いたことを覚えている。

だが、それでも映画に魅了された。「ラファが全てだと思っていたが、映画で世界が広がった」と感じたからだ。

鉄くずを集めて売ってチケット代にしたり、映画館を掃除して無料で見せてもらったりした。当時はテレビもなかった。モジアンにとって映画は世界に向けて開かれた「窓」だった。

だが、１９８７年に始まった第１次インティファーダ（反イスラエル闘争）で、映画館に行く人が減り始め、その後も戦闘と破壊が繰り返された。上映に反対する勢力の放火もあり、人々は映画から遠ざけられた。

モジアンは言う。「人は食べ物と水だけでは生きられない」。外の世界に目を向け生きる喜びを感じるために、映画も必要だと確信する。ガザ市にある廃虚と化した映画館で、モジアンは何も映し出すことがないスクリーンの跡を、悲しそうな表情で見つめた。

▽二重の対立構造

ガザを実効支配するハマスは、ヨルダン川西岸を統治するパレスチナ自治政府のアッバス議長の支持基盤ファタハとも対立を抱える。対イスラエルに加え、パレスチナ人同士による二重の対立構造がガザの閉塞感を一層強める。強烈なストレスから、自殺増加の兆しを指摘する声もある。

英国の劇作家シェークスピアの没後400年に当たる2016年、そんな息詰まるような「監獄」で、一つの舞台作品が上演された。

「ガザのロミオとジュリエット」。ガザで暮らす若い男性ユーセフと女性スーハが恋に落ちるが、対立関係にある双方の父親からの反対を受ける―という物語。男女の悲恋を描いたシェークスピアの名作から発想を得た作品だ。

父親2人の対立で苦悩するユーセフとスーハは、現実世界でハマスとファタハの政治対立に翻弄されるガザ住民に見立てられている。

モジアンと同年代の監督アリ・アブヤシンは、二つの勢力が対立に終始し、生活苦が一向に改善されない苦悩を訴える狙いだったと話す。

▽現実を変える力

ガザでの明るい将来を見いだせない若者の間には、欧米などへの移住を望む声が多い。「ガザの状況が良くなるとは思えない。多くの若者がガザの外に行きたがっている。自分もチャンスがあれば、出て行きたい。たとえガザに戻れなくなったとしても」。ユーセフ役を演じたアリの息子で23歳のアムジャドも言い切った。

「ガザのロミオとジュリエット」の劇中でユーセフもまた、ガザを出ることを決心する。この筋書きについて、アリはパレスチナ指導部へのメッセージだと解説する。若者が希望を失って出て行くようなガザにしてはならない――。「演劇を通じて人々に訴えかければ、現実を変えることができると強く信じている」

再び映画祭の会場。祭典は16年5月にも開催された。社会問題を扱った作品など50本ほどが上映された。

ガザの小さな劇場には多くの男女や子どもが集まった。モジアンの「サラ2014」を鑑賞するためだ。イスラム社会のおきてに背き、殺害された女性を巡る人々を描いた作品だった。

「天井のない監獄」の上には初夏の青空が広がっていた。路上には今年も、色鮮やかなレッドカーペットが敷かれた。

★苦境でも諦めず★

イスラエルとパレスチナを主な取材対象とするエルサレム支局に赴任したのは2013年2月。以来、何度となくパレスチナ自治区ガザを取材で訪ね、多くの住民に出会った。知人や行きつけの飲食店もできた。けれどガザに行くのはいつも気が重かった。

「ガザを出て行きたい」「ガザには希望がない」――。多くの若者らからこうした言葉を聞き、ガザでの生活に絶望しつつある人が増えていると感じていたからだ。

そんな中、ハリル・モジアンとアリ・アブヤシンを取材する機会を得た。苦境でも諦めず、人々の希望のよすがになろうと奮闘する彼らの姿は、陳腐な言葉かもしれないが、格好よかった。彼らは武器を手に「敵」に立ち向かう戦闘員よりも、はるかに勇敢に闘っているように見えた。

岡田隆司＝2016年6月29日

■劇場と自由■

国家が壊した「神」の舞台

カーテンコールの拍手に、偽りの響きはなかった。2014年12月、酷寒のシベリア。ロシア国立ノボシビルスク・オペラ・バレエ劇場が上演した歌劇「タンホイザー」は、大成功を収めたかの

劇場で教え子たちの公演リハーサルに立ち会うボリス・メズドリッチ。2014年に国立ノボシビルスク・オペラ・バレエ劇場の支配人として関わった歌劇「タンホイザー」の上演では神をめぐり教会と対立した＝ロシア・ヤロスラブリ（撮影・ドミートリー・ベリャコフ）

ように思われた。

67歳の劇場支配人ボリス・メズドリッチは、演劇の世界で35年間生きてきた。「ロングランになりそうだな」。確かな感触だった。舞台では自分が抜てきした31歳の演出家チモフェイ・クリャービンがほほ笑んでいた。

▽不穏なうわさ

ワーグナー作曲の原作では、中世の騎士タンホイザーが愛欲に溺れ、破滅の瀬戸際に追い込まれる。クリャービンは物語の設定を大胆に変えた。自堕落な日々を送るのは騎士ではなく、失踪した若き日のイエス・キリストだ。

メズドリッチは、第1幕の途中で憤然と席を立った婦人に気付かなかった。婦人はロシア正教会でシベリアを管轄するチーホン府主教に怒りの手紙を書く。年が明けて、不穏なうわさが街に流れた。「神が汚された」というのだ。チーホンはメズドリッチとクリャービンを検察に告発した。信者の心情を傷つける行為を禁じる法律に違反したとの理由だ。記者会見を開き「教会の象徴を不適切に扱った」と批判した。

チーホンはメズドリッチと同じ世代の68歳。無神論の共産党政権が支配したソ連時代に、聖職者として苦難の日々を過ごした。「この国は長い間、教会を敵視してきた。今回の舞台もあしき伝統の遺産だ。われわれには神は万能の創造主。侮辱には耐えられない」。若い世代による気鋭の演出は、教会の古傷に触れた。

▽神か幻か

簡易裁判が3月に始まった。「裸体の女性が両足を開き、その間に十字架上のイエス・キリストが…」。検察は起訴状で、舞台にかかるポスターの図柄について違法性を追及した。

劇場側は「演出はキリスト失踪という伝説を取り入れた。歌手が演じるのは神ではなく虚構の中の幻である。虚構の創造は芸術本来の仕事。憲法も表現の自由を保障している」と主張した。教会は「キリストは人の心に実在する。信者の気持ちが傷ついたことは厳然たる事実」と論じた。

神か幻か―。双方の主張には接点がなかった。女性裁判官は困惑した表情を浮かべていたが「犯罪性は認められない」との判決を下した。

劇場の支持者たちは、5万人の署名を集めた。メズドリッチは再演を決めた。一方で、活動的な信者が劇場の前で集会を開き「ロシアの敵」に抗議。教会の背後から国家の影が忍び寄っていた。

メズドリッチはロシアのメジンスキー文化相から突然呼び出しを受け、現代版タンホイザーをめぐる公聴会で証言を求められた。「参加者は正教会の支持者ばかり。私が何を言っても無駄だった」

メズドリッチは公聴会の後にメジンスキーの執務室に招かれた。「三つの条件をのんでほしい」。メジンスキーが切り出した。「まずキリストの自堕落を描いた第1幕を根本的に変えるべきだ。第二に神を女性の裸体と絡めたポスターを撤去してほしい。第三に劇場の公式な謝罪を求める」「ポスターの変更だけは応じましょう」。メズドリッチは答えた。

▽解任

公聴会翌日の再演はまたも満席となった。観客は白紙のポスターに、検閲の傷痕を認めた。「劇場を爆破する」と電話がかかった。幕あいに警察が爆弾を捜したが、嫌がらせと判明した。

国立劇場を管轄する文化省はメズドリッチを解任した。新任の支配人はタンホイザーの上演を中止した。ロシアのメディアが「スキャンダラス・オペラ」と書きたてた作品は、演劇評論家による投票で、14年の音楽演劇部門で最優秀の評価を受けた。メズドリッチはタンホイザーの「復活」を宣言した。だが二度と上演の機会は訪れないことは分かっていた。

16年4月、モスクワのボリショイ劇場でクリャービンが演出するドニゼッティの喜劇オペラ「ドン・パスクワーレ」が上演された。昔の話を現代の寓話に置き換えた。70歳の大学学長が若い女性との恋に苦しむ筋書きだ。思い切りのよい演出と人間の業を見つめる視線は揺るがない。

客席にはモスクワに居を移したメズドリッチの姿があった。首都で若い演劇人を育てるためにノボシビルスクを去った。「2、3年のうちに後継者を決めて劇場支配人を辞めるつもりだった。タンホイザーは劇場人生の最後を狂わせた。住み慣れた地を離れてみると、あの出来事がまるでひとごとのようだ。騒ぎに巻き込まれたのは、別の自分のように思えてね」

悲しみは物語に変えることで乗り越えてきた。劇場はそのためにあるのかもしれない。

★教会を政治に利用★

ロシアの作家ドストエフスキーの「カラマーゾフの兄弟」には、異端を裁く「大審問官」が、現世によみがえったキリストを問い詰める名場面がある。

タンホイザーの独創的な演出をめぐる裁判で、劇場側証人の専門家は、この場面を引き合いに、芸術家が創造する「神」は、宗教的存在ではなく、芸術的存在であると主張した。

だが厳格な宗教家や敬虔な信者にとって、神は人間が創造するものではなく、絶対の存在であり、祈りの対象だ。議論は終始空回りした。

シベリアの「タンホイザー事件」に国家が介入したのは、教会と市民が対立する構図に、プーチン政権が危機感を覚えたからだろう。教会を国民統合の道具に利用する政治的思惑こそ、批判されるべきだ。

松島芳彦＝2016年7月6日

■劇場と自由■

「セウォル号」に圧力

秋になると、韓国第2の都市・釜山は浮き立つようなお祭り気分が漂ってくる。1996年にスタート、アジアを代表する映画祭に急成長した釜山国際映画祭（BIFF）が開かれ、韓国のトップスターや世界各国の映画人が集まってくるからだ。

2015年10月1日。悪天候の中で第20回BIFFの開幕式が始まった。リゾート地海雲台《ヘウンデ》の主会場「映画の殿堂」周辺は、ファンでぎっしり。「私の頭の中の消しゴム」などの人気女優ソン・イェジンら、あでやかなドレスやタキシードを着たゲストがレッドカーペットに到着するたびに、大歓声が上がった。

街が文字通り映画一色に染まる華やかな祭典。誰もが笑顔だ。だが実はこの1年、映画祭は「上映の自由」をめぐる深刻な危機に直面していた。

▽中止要請

発端は、14年のBIFF「ワイドアングル・ドキュメンタリー部門」に出品された映画「ダイビング・ベル」だった。

同年4月、済州島に向かう旅客船セウォル号が珍島沖で沈没、修学旅行の高校生ら300人以上が犠牲になった事故を扱ったドキュメンタリー。ダイビング・ベルとは円筒形の大型潜水機器だ。事故直後、これを救助活動に投入しようとする動きなどを通して、対応の問題点を描いている。だが、映画祭での上映が発表されると「何の役にも立たず、民間会社の製品実験で終わっただけの機器のドキュメンタリーを上映するのは許せない」などと遺族が反対。ＢＩＦＦの組織委員長である釜山市長が「政治色がある」として、執行部に上映中止を要請した。

当時は事故からほぼ半年後。当初は、乗客を救わずに逃げた船長や運航会社の責任が追及されたが、次第に監督官庁や政府の対応が問題視され、朴槿恵《パククネ》政権を揺るがす問題になっていた。このため、市長要請の背後に政権からの圧力を指摘する声もあったが、ＢＩＦＦ執行部は要請を蹴り、予定通り上映した。

「映画祭は、芸術性など作品の価値だけに基準を置いて上映作を選定すべきだ。政治的な圧力に屈せず、独立性を守らなければならない。それが創設時から守ってきた伝統だ」。執行委員長で60歳のイ・ヨングァンが決断の理由を話す。

▽報復と反発

上映は満員の観客を集め混乱もなく終わった。「政権に打撃を与えるような内容ではない」と映画を見た日本の映画関係者は口をそろえる。セウォル号事故をめぐる世論への過剰反応だったのではないか。

だが、３カ月後の15年１月、イは突然釜山市から執行委員長辞任を勧告される。「監査結果に問

釜山国際映画祭のオープニングでスターを出迎えるカン・スヨン（左）とイ・ヨングァンの両共同執行委員長。手前は若手人気女優のコ・アソン＝韓国・釜山（撮影・堀誠）

題があった」というのが表向きの理由だった。

露骨な報復に、韓国の映画人が猛反発した。ベルリン国際映画祭など海外からも「上映の自由を守れ」との大合唱が起きた。幅広い支援に支えられ、この問題はイが自ら「規模の拡大に伴い、今後は執行委員長２人体制で取り組む」と提案したことで決着した。

イとともに新たに執行委員長に就任した女優のカン・スヨンは、８月に記者会見し「独立性を重んじてきた方針は、今後も変わることがない」と表明、圧力に屈しないことを世界に宣言した。

イは、カリスマ的な魅力で映画祭を引っ張ってきた初代執行委員長のキム・ドンホの下で、スタート時点からこの映画祭に関わり、11年に執行委員長を引き継いだ。日韓関係が冷え込んでいた14年の開幕式でも、共同司会者に渡辺謙を起用、夏川りみに「さとうきび畑」を日本語で歌う舞台を用意した。15年も共同司会者にアフガニスタンの女優を起用するなど「政治に影響されない文化交流」を進めてきた。

▽安全な港

ＢＩＦＦは、金泳三《キムヨンサム》政権時代に、韓国で初の国際映画祭として発足。98年に就任した金大中《キムデジュン》大統領が検閲を撤廃し、積極的な映画振興策を取ったことにも後押しされ、順調に発展してきた。だが、映画祭が成功し影響力が大きくなればなるほど、圧力も増す。今回の問題が、作品選定の際の自粛などにつながらないだろうか。

「政治的検閲、資本の検閲以外にも自己検閲がある。でも今回の出来事を皆が知っているから、自己検閲は絶対できない。私は大学教授として30年間、学生を教えてきた。もし自分が独立性を守れなければ、学生に言う言葉がない」。イは、きっぱりと言い切った。

15年には、国からの支援金が前年に比べ大幅に削減され、今後の見通しもまだ立っていない。だが、イは対話を続けながらも、崩せない基本線があると言う。「あらゆる文化芸術は政府や社会の支援が必要だが、そのことで干渉されてはならない。映画祭は文化芸術の独立性を守るシンボルであり、映画にとって安全な港でなければならない」

★自由への熱い思い★

「過去に行こうとする人物」と朴槿恵《パククネ》大統領を評したのは「降りられない船　セウォル号沈没事故からみた韓国」（古川綾子訳、クオン刊）の著者ウ・ソックンだ。

今回の問題でも、政権の後ろ向きの姿勢が原因だという声を、複数の映画関係者から聞いた。朴大統領の父、朴正熙《パクチョンヒ》元大統領は言論、出版、報道を統制。実権を握っていた1962年には、事前検閲などを定めた映画法を制定した。検閲撤廃は、90年代末に誕生した金大中《キムデジュン》政権が行った。

取材では、韓国の映画人が圧力に屈せず堂々と率直な発言をするのに、胸を打たれた。ようやく手にした表現の自由への熱い思いが感じられた。

翻って日本ではどうか。同じような事態が起きたとき、「忖度」や自己検閲が始まらないだろうか。考えさせられた。

立花珠樹＝2016年1月27日

■劇場と自由■

国の空気、変えてみせる

彼女は怒っていた。2016年2月、イスラエルとの経済、文化、学術などの交流停止を呼び掛けるパレスチナ人のボイコット運動を支持していると新聞に書かれたからだ。

「私は一貫してその運動に反対。つまはじきにされるとイスラエルはなおさら意固地になる。それに（パレスチナとの）和平推進派を傷つける。何より私自身が標的にされているのよ」

彼女―アヒノアム・ニニはイエメンにルーツを持つイスラエル生まれのユダヤ人。シンガー・ソングライターとして1991年にデビューアルバムを出した。曲が米国の著名ジャズギタリストに気に入られ「NOA（ノア）」の名で世界的にも知られるようになった。

▽声を上げる

47歳になるニニは、政府批判の鋭さで鳴らす。右派のユダヤ人は「反イスラエル」と毛嫌いする。一方、パレスチナ側からはユダヤ人というだけでボイコットされる。

だが、そんな板挟みにも屈することなく、イスラエルとパレスチナが二つの独立国となり、よき隣人として共存する日が来ると信じている。

「政治に関わるのは人間性の表明。大事な社会問題には声を上げなければ」

ボイコット問題でニニは新聞社に長文の抗議メールを送り、記事は謝罪とともに取り消された。

「これは氷山の一角。私は思い切ってものを言うから激しく非難されている。私の国は国粋主義が強くなりすぎて、みんなが口をつぐむようになってしまった」

「2人寄れば政党が三つできる」というジョークがあるほど議論好き、政治好きだったはずのイスラエルに何が起きたのか。さかのぼると、ある事件にたどり着いた。

95年11月4日夜。イスラエル最大の都市テルアビブ中心部にある市庁舎前の広場に、10万人を超

「NOA（ノア）」の名で世界的にも知られるようになったアヒノアム・ニニ。イスラエルとパレスチナが二つの独立国となり、よき隣人として共存する日が来ると信じて歌う＝米ニューヨーク（撮影・尾崎元）

す市民が集まっていた。

▽和平の遺志を

その2年前、イスラエルは「宿敵」パレスチナ解放機構（PLO）と和平合意に達し、94年からヨルダン川西岸の一部とガザ地区でパレスチナ人の自治が始まった。48年の建国以来、アラブ諸国と4回の戦争を繰り返したイスラエルに、戦争とテロの脅威から解き放たれる希望が芽生えた。

市民の間に広がる和平への支持を高らかに示すのが集会の目的だった。広場のステージには、和平の立役者でノーベル平和賞を受けた首相イツハク・ラビンと外相シモン・ペレスがいた。

午後9時半ごろ「平和の歌」の大合唱に包まれて集会は幕を閉じる。直後、25歳のユダヤ人の男がステージを下りるラビンに3発の銃弾を浴びせた。和平合意を「売国的行為」と考える右派過激思想の持ち主だった。ラビンは病院に運ばれたが亡くなった。

ニニはラビンと同じステージに立ち、歌っていた。首相のわずか数分前に同じ階段を下りた。歴史が音を立て、ねじ曲がったと感じた。

「希望の光から絶望の暗闇への転落。衝撃の大きさは計り知れなかった。力の限り、ラビンが成し遂げようとしたことを引き継ごうと決心した。それは和平の実現。体と心の中に、それが正しいと叫ぶ声を聞いた」

▽罵声を浴びても

ニニは94年、カトリックの総本山バチカンに招かれ、ローマ法王故ヨハネ・パウロ2世の前で「アベ・マリア」を歌う栄誉に浴した。結婚して仕事も私生活も充実していた。その日常が、ラビン暗殺で一変した。

和平機運は急速にしぼみ、イスラエルとパレスチナは対立の日々に逆戻りする。テロと報復の応酬で、パレスチナ人との共存を訴えるニニはイスラエル側から「裏切り者」と罵声を浴びるようになった。

「嫌がらせ、脅迫は数限りない。国の空気が悪いほうに変わり、多様な意見を許さなくなった。恐怖が支配している。政府は政治の道具として恐怖をあおっていると思う。変えなくちゃ」

暗殺事件から約1年半後に出したアルバムで、ニニは尊敬する指導者を失った虚脱感と、くじけまいとする静かな決意を歌った。

消えて／過ぎた／夢の縁で／時の砂は／さらさらとこぼれ
消えて／過ぎた／とわの別れ／時の輪が閉じても／私は生きている
もう一度必ず会う／川が海に注ぐように／わたしたちはうねりゆく／夢に触れるまで

60年代に活躍したポール・サイモンやジョニ・ミッチェルなどに強い影響を受けたニニの音楽自体に政治色が濃いわけではない。人の心には音楽を通じて働き掛け、社会に対しては思うことを言葉で伝えなければならないと思う。

「音楽を作り続け、信じるもののために戦い続ける。諦めない。全力を尽くすわ」。米ニューヨークで2016年2月に開いたコンサートの終わりに、ニニはきっぱり言い切った。

★変わらぬ澄んだ声★

アヒノアム・ニニを初めて聴いたのは、イスラエルに駐在していた1990年代初頭だった。どこまでも高く伸びる澄んだ声に、独特の震えがある。ヘブライ語の歌詞が分からなくても心にしみた。

ニューヨークのインタビューでそう伝えると、それが音楽の力だと答えた。20年前の訪日で同じことを感じたという。「私たちは二つの全く異なる文化なのに、深いところで共鳴している。

どうしても再訪したい」と熱っぽく語った。

音楽学校の恩師で17歳年上のギル・ドールとはデビュー以来のコンビ。声の質は今も驚くほど変わらない。著名な音楽家たちとの共演も多い。昨年はイスラエル、欧州、米国、南米の計13カ国で51回のコンサートを開いた。政治を抜きにして、彼女の音楽には根強い支持がある。

尾崎元＝2016年4月6日

■ジェンダーのくびき■

強いられた沈黙を破る

「私は書きたい／決して実現しない私の夢を／世界が耳を傾けない私の言葉を／ペンをください／それだけが望み」（「流れた血に私の詩を読んで」エマーン、20代）

ペンで自分を表現することが、女性の命取りとなる国が今もある。アフガニスタンはその一つだ。イスラム原理主義のタリバン政権は崩壊したが、ジェンダー（文化・社会的性差）のくびきは厳然と残り、女性の教育や自己表現は保守派の暴力の的となる。国連は女性を巡る環境が世界最悪水準と指摘する。

この状況下、女性たちの詩やエッセーをネットで発表する活動がひそかに広がっている。「自分の物語を語ることは人としての権利だ」とする米国人ジャーナリストが非政府組織（ＮＧＯ）を創設した。筆者は10～50代まで２００人以上。作者は特定できないようにしているが、英語や現地語の作品は国境を越えて読者をとらえる。強いられた沈黙を破り、無名の詩人やエッセイストたちがアフガン各地で語った。

▽自転車に憧れて

【ニラブ、18歳】 10歳のころ、自転車に乗りたかった。東部の故郷では、女が自転車に乗るなんて考えられないこと。父は駄目だと言う。でも成長したら（顔や全身を覆う）ブルカを着ないといけないし、乗れば死の脅迫も受ける。「今しかない」。父がいない時、庭で練習した。何度も転んでけがをし、前に進むようになった。ある日、年下の親戚の男の子が私を見て驚いた。「どうやって乗れるようになったの。競争しよう」

私はとっても速かった。「女の子が自転車に乗っている」。みんなが私を見た。非難する人もいて傷ついたけど、夢をかなえた時を忘れない。

小学生の時、女子教育に反対する男たちが校舎を爆破した。泣いて逃げ回り靴を片方なくしちゃった。でも父を含め男たちは「女の学校なんて意味はない」と言った。男たちがつくった社会のルールは私たちの自由と権利を奪う。私は思った。今はあなた方の支配下にいるけど、見てなさい。私の心は服従しない。いつか力のある人になって社会を変える。

まだ十分じゃないけど、私は力を得た。それは書くこと。物乞いをする女性に「あなたの人生を教えて」と聞く。脅迫を乗り越え大統領選で初めて投票した叔母たちの喜び、自転車で走った日のことも書く。アフガン女性は「かわいそうな犠牲者」ばかりじゃない。心も知恵もあるの。

女が英語で文章を書いている、と知られたら命を狙われる。でもペンがあれば、誰も私を倒せない。娘は息子より劣ると言っていた父が私の作品を読んで「おまえが誇らしい」と言った。父の愛を得られたとうれしかった。「疲れ切った時／夢の世界にひたる／自由で恐怖がない、自分でいられる場所／遠いけれど、いつか私はたどり着く」（「夢の世界」）。

▽100万枚でも

【アフサナ、フレシタ、ネジナ、いずれも22歳】　流血や女性への暴力を嫌というほど見た。生きている間に平和は来ないでしょう。でも文章で表現することを知って私たちは変わった。自分を深く知り、喜びや悲しみを分かち合える。男たちの集団リンチで殺された女性の事件をエッセーで取り上げ、女性への暴力を阻止するために声を上げようと訴えた。国を救うことは不可能だけど、書くことで一人の女性を救えればと思う。

【アセファ、25歳】　地方に行って、読み書きができない（アフガンの多数派）パシュトゥン人の女性たちの話を聞き書きする。とても保守的な部族社会に生きる彼女たちの人生は厳しく、紙が１００万

アフガニスタンの伝統的な青いブルカに身を包んだAWWPアフガン代表のシータ。ブルカは好きではないが、自分の身を守るには仕方がないとつぶやく＝カブール（撮影・安井浩美）

枚あっても足りない。私は書くことで自分に何ができるか知った。だから彼女たちに、人生は自分で変えられると伝えたい。難民にならずに、ここでみんなが幸せに暮らせますように。そう願いながら書く。

▽次世代に言葉を

【シュグファ、19歳】母は17歳で結婚した。義務だった。女の人生を家族が決める伝統は今も残るけど母は言う。「人生を自分で開きなさい。私はできなかったから」

外国の人がネットで私の詩に「感動した」と書いてくれる。とてもうれしい。生きていく困難を乗り越えられる。いつも大きなノートを持ち歩いている。歴史や地理の本を5冊、出版したの。

夢は産科医になること。時々、絶望的な気持ちになる。私たちは苦しむために生まれたの？　自爆テロで死ぬ子供。硫酸をかけられる女性。イスラム聖職者は「無実の一人の殺害は世界を殺すこと。一人の救済は世界を救うこと」と教えるのに。

家から外出する時に生きて帰れるかしら、と思う。でも私が死んでも言葉は生き続けるでしょう？

今の社会を私たちが変えられなくても、次世代に言葉を伝えたい。あきらめないで、と。「私はもう弱くも小さくもない／沈黙を強いる者に向かって言葉を発する」（「美しき故郷カンダハル」）。

★表現への渇望★

非政府組織（ＮＧＯ）「アフガニスタン女性の作文プロジェクト」（ＡＷＷＰ http://awwproject.org/）のサイトを見つけたのは偶然だった。初めて読む、今を生きるアフガン女性の作品。「表現すること」への渇望が迫り、思わず涙した。

話を聞いた10～20代の聡明さと覚悟に接し、未来は明るいと思ったが楽観的過ぎた。若い女性たちが口にする「次世代のために」という言葉が、現実の厳しさを物語っていた。

２００９年創設のＡＷＷＰは作品集２冊を出版。女性たちはネットで米国の作家らとやりとりし作品を仕上げる。ＡＷＷＰアフガン代表のシータは29歳。ブルカで顔を隠し取材した経験を書いた詩「ブルカの下で」は反響を呼んだ。「ブルカは危険から私を守り／私は闘いを続ける／そう、それは私。ブルカの下のアフガン女性。覚えていて」

舟越美夏＝２０１６年４月27日

■ジェンダーのくびき■

「矯正レイプ」の悲劇描く

思いがけず涙があふれた。「同性愛を矯正する」としてレイプされるアフリカの女性たちについてのネット記事を読んだ時だった。28歳のインド人映画監督ディプティ・タダンキは、心がかき乱された理由を実は分かっていた。家族にも秘密にしていたが、自分も性的少数者で、バイセクシュアル（両性愛者）だったから。

記事を読んだのは、映画産業の一大拠点ムンバイで音楽専門チャンネルの仕事をしながら映像の作り方を学んでいた2年ほど前だった。

その「矯正レイプ」が母国インドでも起きていることを知り、ディプティは衝撃を受ける。心が決まった。この国が封印している悲劇を映画にし、問題を伝えよう。同性愛が犯罪とされるインド社会のタブーに触れる挑戦が始まった。

▽普通じゃない

ディプティはインド南部の中産階級の家に女児として生まれた。両親の期待に応えて経営学などで修士号を取り、ＩＴ企業に就職したが、半年で辞めた。「やりたいのは創造的な仕事」。幼いころから映画を見たり、脚本を書いたりするのが好きで「いつか映画製作を」との夢があった。

子供時代から「自分は普通じゃない」と感じていた。男女両方に魅かれる。バイセクシュアルという言葉を知り、それが自分なのだと悟ったが、誰にも打ち明けなかった。「だから学校には本当の友達はいなかった」

映画化を決意したディプティは国内事情について調査を始めた。

同性愛を病気と考える親は、子供が異性と性行為をすれば治ると信じていた。インド最高裁が2013年、同性愛者同士の性交渉を犯罪とする判断をあらためて示したことで親には「裁きから子を守る」との心理も働いていた。「矯正」は一族の名誉を守るために家族や親戚が実行し、時に

矯正レイプの悲劇を描いた映画「サティヤバティ」を映すパソコン画面に見入る監督のディプティ・タダンキ（右）。「人々が真実を知り、議論する契機になってほしい」と話す＝インド・ゴア州（撮影・高橋邦典）

は第三者に依頼される。

20代の被害者に直接会って話を聞き、心が凍った。男性同性愛者に「矯正」を実行したのは、母親だった。女性同性愛者にそれをやったのは親戚の男性だった。２人は家を飛び出し、心に深い傷を負っていた。

矯正レイプは米国など世界各地で起きており、ヘイトクライム（憎悪犯罪）と非難されていることも知った。「国際的テーマだ」。インドでは性描写が問題になると分かっていたが、すべてリアルに描くことにした。

▽２度の中断

愛し合っていた女性カップルの人生が親の仕組んだ矯正レイプで壊され、別の男女のカップルも巻き込まれる―。同性への愛は、異性への愛と同じく自然で人間的なことだとの思いを込め、脚本を書き上げた。タイトルは「サティヤバティ」。ヒンズー教の神話に登場する女性で「真実を語る」の意味も持つ。

役者は、過激な場面も演じ切る強い心の持ち主かどうかで決めた。役者とスタッフ約30人の多くが20代後半から30代。初めてプロデューサーを務めた39歳のグルプラサド・バトはＩＴ企業幹部だ。「リスクは承知していたが、参加したかった。僕らＩＴ世代はネットを通じて世界に多様な価値観があるのを知っている。保守的な価値観に『なぜ』と問い、社会を変えたいと思った」

製作費はまず、ネットで資金を募る「クラウドファンディング」で集めた。「矯正レイプをテーマにした初のインド映画」と内外のメディアが取り上げた。脅迫電話も受けたが気にしなかった。

しかし、集まった額は17万ルピー（約28万円）。とうてい足りず、結局、自分とプロデューサーのバト、さらに英国から支援を申し出てくれた女性の資金を合わせて８００万ルピーを捻出した。

ロケを予定していた施設側から直前に拒否されるなど撮影はトラブルの連続で、２度中断。落ち込むディプティに父の急死が追い打ちをかけた。その背中を母が押した。「始めたことは終わらせなさい」

インド南部ハイデラバードでロケ地も見つかり、２０１５年４月に撮影を再開。16年春、ようやく映画は完成した。

▽カミングアウト

インド映画ではタブーのキスシーンやベッドシーンも大胆に加えた。レイプ場面の編集をしながらディプティは大泣きした。

配給会社はまだ決まっておらず、ディプティの仕事は残るが「作られるべき映画がようやくできた」と関係者は作品を高く評価している。

ディプティは15年末、レストラン経営の男性と結婚した。バイセクシュアルであることは打ち明けた。映画製作を通じ「性的少数者はカミングアウト（同性愛を公にすること）して戦わないと駄目」と学んだからだ。彼は受け入れてくれた。

母にも打ち明けた。「でも母は、そういう過去はもう忘れて、なんて言うの。一過性の病気のようなものと思っている」。そうこぼすディプティは笑顔だった。

★はだしで押し通す★

インド西海岸のゴア州に住むディプティに会いに行くと、映画「サティヤバティ」に参加した役者やスタッフも集まってくれていた。さながら同窓会の雰囲気。「お互いに知り合えて幸運だった」と口々に言う。

女優の一人は「新しい役に挑戦したかった。男性が好みそうな女性役には飽きていたから」。それぞれが「自分自身の偏見を取り除く経験になった」など映画での経験を生き生きと語った。社会に新風を吹き込むインドの新しい世代と感じた。

ディプティは「映画の全てが終わるまで靴を履かない」と決めている。レストランでも空港でもはだし。なぜと聞かれることで「終わっていない」と意識するからだという。映画の上映についての問い合わせは来ている。

舟越美夏＝２０１６年５月４日

◎映画は取材から数カ月後に完成し、２０１７年4月、米ワシントンで上映された。ディプティは靴をはき、次のプロジェクトを計画している。

■ジェンダーのくびき■

第3の性、認めさせる

「昨夜は警察に尋問されて大変だった」。38歳のラチャナ・ムドラボイナは会うなり、そう切り出した。身体と心の性が一致しないトランスジェンダーで、その権利擁護の活動家、そしてセックスワーカー（性労働者）だ。

インド南部ハイデラバードで女性の伝統衣装サリーをまとい、通りで客を待っていると警察にさんざん嫌がらせをされたという。「性労働者を排除したいなら、教育と仕事の機会を与えなさい。私たちはそう言い続けている」。柔らかな声には固い意志が込められていた。

インド最高裁は同性愛行為を犯罪とする一方で、２０１４年にトランスジェンダーを男でも女でもない「第３の性」と認め、教育や雇用で優遇するよう促した。ラチャナたちにとり大きな勝利だったが、判決で差別が消えたわけではない。

▽家族の愛を買う

ラチャナは中流家庭の長男として生まれた。幼い頃から自分を男だと思ったことは一瞬もなかった。母の口紅を塗ったり、サリーに触れたりするのが好きだった。

体が成長するにつれ、公務員の父や姉、妹は「なぜ女のように振る舞うのか」と非難した。ラチャナは、アルバイトで小銭をためては服や靴を家族に贈り機嫌を取った。「トランスジェンダーの子は家族の愛さえ買わないといけない」

高校卒業と同時に逃げるように家を出た。「自分のジェンダー（文化的・社会的性別）を自由に表現できる」。不安よりも喜びが胸にあふれた。

職を得た地元の非政府組織（ＮＧＯ）は半年たっても給料を支払わなかった。水を飲むだけの日が続き、街角で物乞いをした。そして体を売った。「物乞いの方が苦しい行為」とラチャナは言う。「体を売るのは労働だけど、自分を殺さないと物乞いの手は出せない」

▽グルの搾取

知り合ったトランスジェンダーにサリーの着方や化粧を習うと自信が生まれた。自分を守る術も覚え、客もついた。

インドではトランスジェンダーの大半が性労働者か物乞いになる。服装やしぐさなど外見で差別され、選択肢がないのだ。「公にした瞬間から差別と汚名の痛みを背負う」とラチャナは言う。

「大事なのは教育と正直さ」。ラチャナは大好きだった母の言葉を思い出した。「学歴があれば職業の選択肢が広がるはずだ」。通信教育の大学で社会学などのコースを取り、街角から帰った朝に本を開いた。

トランスジェンダーの共同体の施設に身を寄せていたある日、共同体のグル（指導者）が、家族から逃れて来た未成年者を性労働者として働かせ「上納金」を取っていることを知った。

「すべてを捨てて家を出たのはジェンダーの表現の自由と、独立のためだったんでしょ？」。ラチャナは未成年者らを説得した。「ここにいれば搾取され、犠牲を払った意味はなくなる。逃げなさい」。だがグルに気付かれ、ラチャナだけ袋だたきにされて放り出された。

それでも通りで勉強を続けた。尊厳を守る闘いだった。4年かけて経営学と社会学の修士号を取り、国際NGOで性労働者の相談役となった。

だが、上司は毎日のように「トランスジェンダーは信用できない」と嫌みを言った。1年半、耐えたが辞めた。学歴があっても差別される。これなら一人で仕事ができる性労働者の方がましだ。怒りの後、冷静に考えた。「変えなければならないのは社会制度だ」。一人で叫んでも効果はない。閉じこもれば差別はひどくなる。

そう思っていた4年前、IT企業に勤める35歳のバイジャヤンティ・モグリと知り合った。問題を抱える未成年者らの相談に共に乗り、行政と交渉するなど支援活動を始めた。「忍耐は強い武器」とラチャナは言う。「人は進んで異質なものを理解しない。次世代のために根気よく対話を続ける

インド西部ムンバイで2008年から毎年開催されている性的少数者の権利拡大を訴えるパレード。今年も7千人以上が参加した。南部ハイデラバードでもラチャナ・ムドラボイナらが企画に参加したパレードが行われる（撮影・高橋邦典）

しかない」

▽アリのように

夜の繁華街。写真を撮ろうとすると「写真は嫌い。子供の頃から醜いって言われ続けてきたから」とつぶやく。その夜は男性の服装だった。バイジャヤンティが笑う。「サリーを着ている時には『撮って、撮って』とうるさいくせに」

ラチャナはハイデラバードを訪れたトランスジェンダーの著名活動家ラクシュミ・トリパティと夕食を共にした。「第3の性」を最高裁が認めた背景には30代のラクシュミらが率いた運動があった。ラクシュミが皆と分かち合う言葉は「アリのように高い壁もはい登り、乗り越えていこう」。

踏みつけられたことは数え切れない。その度に誇りと自由を守るために闘った。「もう傷つかないし、自分のために涙は流さない」。ラチャナは声を強めそう言うと、ふふふと優しくほほえんだ。夜は今も街に立つ。昼は自分を非難し続けた病身の父の世話をしている。

★パスポートで第3の性も★――――――――

差別されながらも自分に正直に生きるとはなんと勇気がいることか。

活動家バイジャヤンティも厳しい道を歩いた。富裕層の学校に通ったが女性的だったため男子生徒の標的にされ、13歳から学内で繰り返しレイプされた。18歳の時、家族によって精神科病院に送られ、電気ショックや薬物による治療を9カ月受けた。父は今でも女性的であることを非難する。「神が心と違う体を与えた」とバイジャヤンティは言う。

人間の身体的、心理的な性の成立過程は複雑で、専門家の見解も分かれる。性の多様性を認める国は増えており、インドのほかオーストラリアなどもパスポートで「第3の性別」の選択ができる。ノルウェー議会は2016年6月、両親と相談の上で6歳から自分の法律上の性別を変更できるとする法案を可決した。

舟越美夏＝2016年5月11日

■死刑と向き合う■

４００人の最期を見届けて

一瞬、耳を疑った。天井に据え付けられたスピーカーから、歌声が流れてきたからだ。賛美歌「きよしこの夜」。声の主は、ガラスの向こうの部屋にいる、一人の死にゆく男だった。ベッドに縛り付けられ、両腕の静脈には注射針が刺さる。管から体内に注入されるのは、致死量の薬物だ。

歌が聞こえたのは、男がマイクに向かって最期の言葉を述べ、薬物の注入が始まった直後のこと。落ち着いた、柔らかな声だった。やがて歌声はかすれ、男は息絶えた。

「教会で『きよしこの夜』を聞くと、今でもあの男の姿を思い出すんだ」。これまで最も印象的な死刑執行は、との問いに、ＡＰ通信記者のマイケル・グラチェクは静かな口調で語った。

▽家族も遺族も

66歳のグラチェクは、ＡＰ通信で40年以上のキャリアを持つベテラン記者だ。１９８３年に米テキサス州ヒューストンへ赴任したのを機に、死刑執行の現場も取材するようになった。「正確には覚えていない」と言うが、立ち会った執行は４００件近くにのぼる。

現場は、ヒューストンから車で約1時間北上したハンツビルにある。人口4万人に満たない小さな都市だが、街中心部の刑務所に州内唯一の刑場がある。死刑囚は別の場所に収容されており、当日朝に護送車で運ばれてくる。薬物注射による死刑が執行されるのは午後6時が決まりだ。

執行予定日になると、グラチェクは車でハンツビルに向かい、刑務所の門をくぐる。執行には5人まで記者の立ち会いが認められている。そのうち1人は「通信社記者の特権」として、グラチェクに割り当てられる。

立会人が向かうのは「両手を広げると、両壁に触れるほど」の狭い部屋だ。ガラス越しに刑場があるが、マイクのスイッチを入れない限り、音はまったく聞こえない。立会人の部屋は二つに仕切られ、死刑囚の家族と、被害者の遺族が別々に入る。記者席はなく取材は遺族側で立って行う。「死刑囚の様子を注意深く見るのは、簡単なことじゃない」。死亡が宣告され、部屋を退出するまでの時間は30分ほどだ。

▽寝入るように

人の死を見るのは怖くないか。そう尋ねると、グラチェクは「何を怖がることがあるんだい」と問い返してきた。

薬物の注入が始まると、30秒ほどで死刑囚はせきやあくびをし、次第に呼吸が深くなり、いびきをかき始める。その音はだんだん小さくなり、やがて呼吸が止まる。「人が寝入るのを見ているようなもの。違いといえば、二度と起き上がらないことくらいさ」

殺人事件の現場に比べると、刑場は「グロテスクさのない、静かな場所」だ。死刑囚の命が消え

AP通信のベテラン記者マイケル・グラチェク。取材で立ち会った死刑執行は400件近くにのぼる＝米テキサス州ヒューストン（撮影・鍋島明子）

るまでを淡々と見つめ、記録する。執行が終われば、立ち会えなかった記者たちに様子を説明し、自らも記事を書く。重要なのは「速く、正確に伝えること」。感情がないわけではないが、持ち込めば取材に集中できなくなる。これは大切な仕事なのだ。

だからこそ、死刑に関する意見を、グラチェクは決して口にしない。質問されても、絶対に答えないと決めている。「死刑の取材は、被害者と加害者の両方を扱う。フェア（公平）であるためには、自分の考えからは距離を置くべきだ」。どんなに残虐な殺人事件の犯人であろうと、死に値するかどうかはわからない。事実を伝えることで、読者が判断すればいい。そう考えている。

▽「監視」が仕事

ハンツビル郊外のテキサス刑務所博物館。60年代まで実際に使われ、３６１人を処刑した電気椅子が展示されている。使い込まれたベルトが生々しいが、見入っていた初老の女性は「悪いやつは殺されて当然よ」と言い切った。

２０１５年に全米で執行された死刑囚は28人。そのうちテキサス州は13人と、最も多い。16年もすでに６人が処刑された。テキサス死刑廃止連盟のクリスティン・フーレイは「テキサスは死刑が日常化している。廃止を議論することすら難しい」と、表情を曇らせる。

執行のニュースが、地元メディアで大きく扱われることはほとんどない。なぜ死刑に立ち会い続けるのか。「根本的な目的がある。記者の役割として、政府がやることを適正に行っているか、監視する必要があるんだ。死刑がちゃんと行われているかを伝えるのが、私の仕事だ」。普段は寡黙なグラチェクが、少しの間、多弁になった。

今年３月30日、ハンツビルの刑務所では、殺人犯の男に死刑執行が予定されていた。だが、裁判所が精神鑑定を求める弁護側の主張を認め、延期となった。執行予定の７時間前だった。

「よくあることだ。ちょっと予想外だったけど」。グラチェクは、いつものように淡々と話す。「特に感想はないよ、取材をして記事を書くだけさ。これが私の仕事なのだから」。

★処刑のリアル★――――――

テキサス刑務所博物館の館長を務めるジム・ウィレットは、グラチェクとは同年代で旧知の仲だ。笑顔がチャーミングな野球好きだが、ハンツビルの刑務所の元所長でもあり、89人の死刑執行に臨んだ経験も持つ。

博物館には、地元の小学生が訪れ、電気椅子に恐る恐る近づいていた。「ちょっと刺激的かもね」。ウィレットは苦笑いしながらも「死刑があるからには、それがどんなものかを知るのは大事なこと。だから展示している」と話した。厳罰をいとわないテキサス人の気質が、全米最多の死刑執行を支えているのだろうか。だが、処刑のリアルは隠さない。

日本はどうか。2010年に東京拘置所の刑場が報道陣に公開され初めて撮影が許可された際、絞首刑で用いるロープは、なぜか外されていた。

佐藤大介＝2016年5月25日

■死刑と向き合う■

ガラス越しに訴える無実

細長い通路に沿い、電話ボックスのような小部屋が左右に20ずつ並ぶ。木枠に「R32」と書かれた場所に近づくと、既に男性が座っていた。短髪に眼鏡、服は上下とも白。若々しく見える。目配せをすると、笑みを浮かべながら右手を上げた正面から彼と向き合う。距離は30センチほどだが、厚手の強化ガラスがわれわれを仕切っている。会話は受話器越しだ。「ようこそ、テキサスへ」。初対面の外国人記者を迎える声を聞く傍らで、係官が「では、今から1時間です」と時計を見ながら口にした。

その男性、ロバート・プルエットは、テキサス州南部リビングストンのポランスキー刑務所に収容されている238人の死刑囚の一人だ。3月末の面会時、薬物注射による死刑執行が8月23日に予定されていた。

プルエットが穏やかに語り始めた。

▽「やっていない」

逮捕されたのは15歳の時だった。ちょっとしたいざこざが原因で、父が近所の人を殺したんだ。その共犯にされて、禁錮99年の刑となった。自分は父のそばにいるだけの、飾りのようなものだったのに。それ以来、ずっと刑務所暮らしさ。もう21年になる。

家は貧しく、幼いころから犯罪に囲まれて育った。父は麻薬中毒で、刑務所を何度も出入りしていた。そんな父と、7歳か8歳くらいから、一緒に麻薬をやり始めた。クールに見えた父を気取ってね。逮捕されるまで、ずっとだ。

あれは1999年の暮れだった。服役していた刑務所で、看守が殺される事件があった。はめられて犯人に仕立てられ、死刑囚になってしまった。でも、自分はやっていない。父の事件と合わせて2件の殺人犯にされたけれど、どちらも自分は殺していない。

インタビューの最中、死刑囚のロバート・プルエット（奥）は何度も笑顔を見せながら、無実を訴えた。薬物注射による死刑執行が2016年8月23日に予定されていたが延期された＝米テキサス州リビングストン（撮影・鍋島明子）

死刑執行は、何度も延期されている。今回も4月から8月へ変更になった。検察の証拠が不十分なんだ。無実だから、当然のことさ。以前は、やってもいない罪で死ぬのが怖かった。でも、今は無実を証明できることに希望を抱いている。

もう16年以上、独房で暮らしている。本を読んで、文章を書いて、音楽を聴いて。独房だからといって、何もできないわけじゃない。大事なのは今の時間に集中することだ。そうすれば、過去の痛みや憎しみにとらわれなくなる。

▽サヨナラ

ここに来てから、300人ほどの死刑が執行された。親しくなった友人もいた。つらいよ。死刑は絶対に反対だ。

自分のような無実の死刑囚もいる。そもそも、国が人を殺すべきじゃない。人は変わり得るものだから。

ある瞬間や側面だけで、人を判断するのは間違いだ。人は必ず成長する。社会が見捨ててはいけない。自分が刑務所に入ったのはよくないことだけれど、ここで勉強をして成長できたことには感謝している。もっと早く気付きたかったとも思うけれど。

死刑は怖くない。もちろん、自分の無実は信じている。でも、死は終わりじゃないという考えを持って、怖くなくなった。死生観が東洋思想的なのかな。死刑という現実も、魂が永遠ならば幻のように感じる。気持ちは落ち着いているよ。

友人たちから手紙をもらい、面会に来てもらえるのは、大きな心の支えだ。人と交流しないと、平常心は保てない。交流のない人ほど精神を病んでいくんだ。

こうして自分の考えを伝えることで、多くの人が死刑を考えるきっかけになってほしい。何かに気付いてくれたら、自分がここにいる価値があると思えてくる。

テキサスは古里だし、美しい景色もある。でも、まったく好きにはなれないね。人々の考え方は保守的で、過去から進歩していない。何百年も前から止まっている感じで、とても嫌なんだ。

日本語で「グッドバイ」は「サヨナラ」と言うんでしょ。知っているよ。アニメの「ニンジャ・タートルズ」を見ていたからね。また会えることを願っているよ。ありがとう。サヨナラ。

▽迫る執行

プルエットは当初、２０１３年5月21日に死刑執行が予定されていた。しかし、裁判所の決定により、これまで4回延期された。ＤＮＡなど犯行を裏付ける物的証拠に欠けていることが、理由とされている。

それでも、弁護人を務めるジェフリー・ニューベリーは「裁判官の判断次第で、執行の可能性は高まる。少しも楽観はできない」と予断を許さない。プルエットを含め、6年間で15人の死刑囚を弁護し、うち13人は執行されたことが、見方の厳しさを裏付ける。

ポランスキー刑務所は、草原が広がる一帯に立つ。ライフルを手にした刑務官の監視と幾重もの鉄条網を通り過ぎ、死刑囚が外に出られるのは死刑執行の日だ。車に乗せられ、約70キロ西に向かう。その先に刑場のあるハンツビルの刑務所がある。

★メールで承諾★

特別なルートがあったわけではない。テキサス州の死刑囚にインタビューをする第一歩は、州司法当局のホームページを検索することだった。

掲載されている広報担当者のメールアドレスに、インタビューの希望を伝える。「メディアの取材は、毎週水曜の午後1時から1時間のみ可能」。返事はすぐに来た。

公開されている「死刑執行予定」の一覧から数人を選び、担当者に連絡をする。数日後には、ロバート・プルエットがインタビューに応じるとの回答があった。

日本では死刑囚との面会は親族などごく一部に限られ、手紙のやりとりも厳しく制限される。取材は認められず、執行が本人に知らされるのは当日朝だ。主要先進国で死刑制度があるのは日本と米国だけだが、実態には大きな隔たりがある。

佐藤大介＝2016年6月1日

◎2016年8月に予定されていたプルエットの死刑執行は、裁判所によって5回目となる延期が決定された。プルエットは17年7月現在、ポランスキー刑務所の独房に収容されている。

■死刑と向き合う■

廃止か存続か、住民投票へ

ドアを開けると、書類や携帯電話を手にした数人の男女が忙しそうに動き回っていた。米カリフォルニア州サンフランシスコの一等地に建つビル。7階に死刑廃止を求める非政府組織（NGO）「デス・ペナルティー・フォーカス」（DPF）の事務局がある。

「手応えはいいよ」。29歳の事務局員デビッド・クロフォードは、そう話しながら縦長の紙を取り出した。手書きの名前や住所が並ぶ。同州で死刑廃止の住民投票実施を求める署名用紙だ。

2016年4月末、DPFは約60万人の署名を集めて州当局に提出した。11月の米大統領選に合わせて、投票が行われる。

▽2度目の挑戦

なぜ、住民投票で死刑廃止を扱うのか。クロフォードの答えは明快だった。「カリフォルニア州は1978年に住民投票で死刑を復活させた。だから廃止も住民投票によらなければならない」。2012年にも投票にこぎつけたが、わずかに過半数に及ばず否決された。今回は2度目の挑戦となる。

カリフォルニア州では06年以降、死刑執行がない。一方で死刑判決は出ており、死刑囚の数は747人（16年5月現在）と、米国内で最も多くなっている。「死刑囚が最も多い州で死刑が廃止されれば、（全米に）強いインパクトを与えることができる」。クロフォードの期待は大きい。

署名用紙に書かれた住民投票の内容は、死刑を廃止し最高刑を仮釈放なしの終身刑に変更すること。「人々に訴えるには具体的な話が必要だ。抽象論だと届きにくい」

集会やネットで死刑廃止を呼びかける際は、死刑判決後に冤罪と証明された事例が米国で150件以上あることや、死刑制度の維持に終身刑以上の公的コストがかかること、廃止すれば予算を犯罪防止費用に振り向けられることを主張する。

死刑賛成派の意見に耳を傾け、犯罪被害者の遺族にも語りかける。「多くの支持を得るには、何が最も有効か」。クロフォードの考え方は常にシンプルだ。

▽被害者遺族も

マティー・スコットはＤＰＦの活動に共鳴する一人。１９９６年7月、サンフランシスコの自宅近くで24歳の息子を射殺された母親だ。容疑者は逮捕されたが、証拠不十分で釈放となった。悲しみと絶望、そして怒りの日々。だが、それにも増して衝撃を受けたのは、亡くなった息子の子どもたちが「犯人を殺してやる」と銃を手にしようとする姿を見た時だった。

「傷ついた人は人を傷つける。そこに救いはない」。犯罪の背景には貧困や人種問題があるのに、司法は光を当てていない。そう考えて、２００４年に被害者家族を中心とする団体を設立した。支援対象には加害者となった人々も含まれる。

「加害者も、犯罪によって生み出された新たな被害者だ」として、なぜ罪を犯したのかを考えてもらうため、受刑者との対話も重ねる。目指すのは「怒りと悲しみの浄化」だ。

「死刑は本当の解決にならない。終身刑にして刑務所内で働けば、被害者の家族に金銭的な償いもできる。死刑費用は教育などに回すべきだ」

被害者側の気持ちは一様ではない。死刑を求める遺族の思いも、時とともに変わっていく。そう信じる。「ストップ・ザ・キリング、スタート・ザ・ヒーリング（殺すことをやめ、癒やしを始めよう）」。それが、63歳になる母親の思いだ。

▽11億円

一方、州都サクラメントのＮＧＯ「刑事司法法律基金」で顧問を務める62歳の弁護士ケント・シャイデガーは「連続殺人などの残虐犯罪は、終身刑では不十分」と死刑の必要性を強調する。死刑囚の数が全米一であることも問題視し、執行手続きを簡素化して「死刑執行を再開すべきだ」と主張する。

こうした根強い反対意見を抑えて、死刑廃止派が過半数を制する方策はあるのか。「最終的には

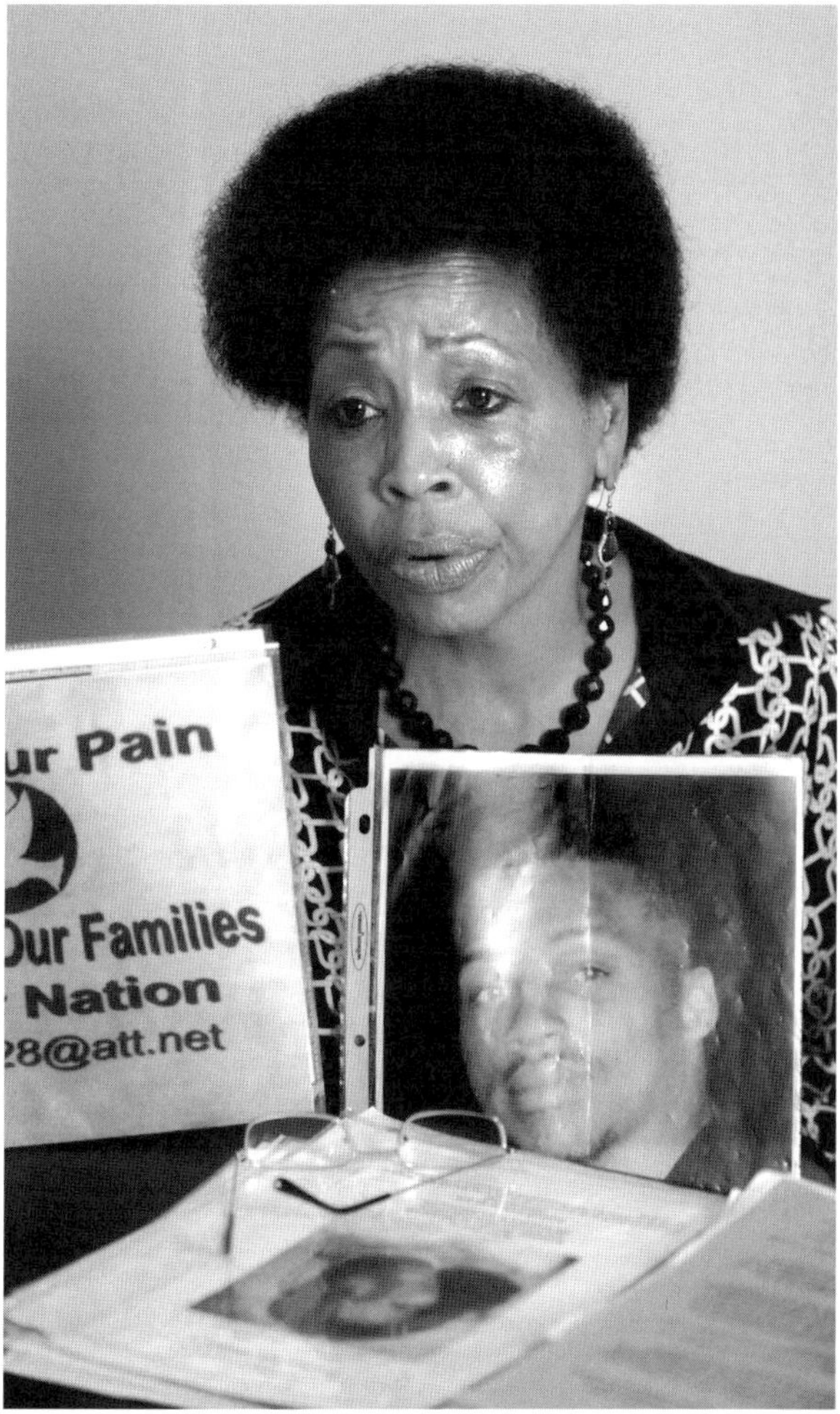

射殺された息子の写真を見せるマティー・スコット。「死刑は本当の解決にならない」と反対する＝米カリフォルニア州サンフランシスコ（撮影・鍋島明子）

資金力が勝負」とＤＰＦのスタッフは言い切る。

ＤＰＦの運動費用は寄付だけで賄われるが、署名集めはプロの業者に委託し、３５０万ドル（約３億８５００万円）かかった。今後も死刑廃止への支持を求めるＣＭ制作費などで、総額1千万ドル（約11億円）を超える見込み。

カリフォルニア州立大教授のエリザベス・セメルは、死刑廃止を「米国全体の流れ」と支持しながらも、住民投票のありようには「公正とは言い難い」と疑問を示す。

キャンペーンに巨額の費用がかかり、その規制もない。「初めはリベラルなアイデアだったが、今は（資金次第という）問題の方が大きい制度となってしまった」

理想と現実がない交ぜとなった住民投票。国際人権団体アムネスティ・インターナショナルによると、11月に死刑廃止支持が過半数を得れば、カリフォルニア州は米国で19番目の死刑廃止州となる。

★議論の土台★

日本では死刑執行後、法相が記者会見を行い、事実関係を発表する。死刑制度の是非を尋ねると、返ってくる答えは「国民が支持している」といった内容だ。

２０１５年1月に内閣府が発表した世論調査では、死刑制度は「やむを得ない」とする人が80・３％。発言は、こうした数字に支えられているのだろう。だが、法務省は死刑の実態を明らかにしようとしない。情報公開請求をしても、文書には墨塗りが目立つ。そうした中で、人々が死刑の是非を判断する材料は乏しい。

カリフォルニア州では死刑存廃を巡り、コストや使用薬物など、具体的な議論が展開されていた。前提となるのは、徹底した情報の公開だ。その上で、論戦が成り立っている。日本も、議論をするための土台が必要だと痛感した。

佐藤大介＝2016年6月8日

◎2016年11月の米大統領選に合わせて、カリフォルニア州では死刑廃止の是非を問う住民投票が実施された。結果は、2度目の否決だった。DPFのスタッフの1人は「ドナルド・トランプ氏の当選に多くの人が驚いたように、われわれも否決に大きなショックを受けた。戦略を練り直さなくてはいけない」と話した。

■弾圧に抗して■

中国支配の近未来描く

香港の摩天楼の夜景が、視界の中でゆがみ後方へ流れ去った。２０１４年9月28日。香港民主化を求めて幹線道路を占拠した数万人の学生らに、警官隊が次々に催涙弾を撃ち込んだ。映画監督の欧文傑は、あふれ出す涙を拭いながら現場へ車を走らせていた。

傘を開いて抵抗した姿から、後に「雨傘運動」と呼ばれる大規模デモがこの日始まった。１９９７年に香港の主権が中国へ返還されて以降、警察が市民に催涙弾を使ったのは初めて。「政府が若者を攻撃するなんて。香港はいつからこんな街になってしまったんだ」

頭に浮かんだのは、89年の北京・天安門事件。民主化を求めた学生たちに中国軍兵士が発砲し多数を殺害した。当時小学生だったが、香港紙の1面に掲載された血まみれの若者の写真を鮮明に覚えていた。

▽無力感がまん延

香港政府トップを選ぶ２０１７年3月の行政長官選挙に、親中派しか事実上出馬できないよう決めた中国への反発がデモの発端だった。「誰でも立候補できる選挙を」。多くの市民が怒りを共有し、

中国広東省深圳市との境界にある香港・新界地区の駅で、「中国の犯罪者を駆逐しろ」と書いた横断幕を持って中国人排斥を訴える香港の若者（左）。中国人観光客らとたびたび口論になっていた（撮影・芹田晋一郎）

デモは最大20万人規模に膨らんだ。若者たちを支持する張り紙が街中にあふれ、デモ隊は79日間にわたり幹線道路を封鎖した。だが12月15日、最後の拠点が警官隊に強制排除され収束した。

何の成果もなかった。香港返還後、最大のデモでも中国から1ミリの譲歩すら引き出せない。「中国に対抗するのは無駄だ」「自分の力では何も変えられない」。若者に無力感がまん延した。

こうした若者たちの心を、15年12月から上映が始まった1本の映画が強く捉えた。5本の短編をつなぎ10年後、２０２５年の香港の姿を描いた「十年」。35歳の欧ら若手監督が集まり、わずか50万香港ドル（約６９０万円）で製作した。

いるように見える。

▽牙をむき出しに

5本の短編はどれも重苦しい。中国の毛沢東が発動した政治運動「文化大革命」で大量動員された「紅衛兵」さながらに、制服姿の子供たちが香港の書店で禁書を取り締まる第5話。香港独立を求める若者が暴動を起こし、警官から激しい暴行を受ける第4話は、雨傘運動の挫折が投影されているように見える。

欧が監督を務めた第3話の短編「方言」は、中国の標準語「普通話」普及政策がテーマ。香港で日常使われる方言「広東語」しか話せないタクシー運転手は空港や中心街で客を乗せることを禁じられ、息子にも普通話で「お父さん」と呼び掛けられる。中国の支配が行き渡り、香港の独自文化を席巻するという目にしたくない近未来像だ。

映画「十年」は興行収入600万香港ドルと予想外のヒットを記録し、16年4月、香港のアカデミー賞とされる映画賞「金像奨」に輝いた。

だが2月の上映終了後、映画館はどこも再上映せず、大学などでほそぼそと上映会が続くのみ。欧は次回作の監督を下ろされた。中国市場に配慮した自主規制か、当局の圧力か真相は不明だ。

映画が描いたような事件も既に起きた。15年10〜12月、中国共産党や習近平国家主席を批判する中国本土の禁書を多数販売していた香港の「銅鑼湾書店」関係者5人が次々と失踪した。「一国二制度」の香港にまで中国公安当局者が禁書取り締まりのため越境し、連行した疑いが濃厚だ。

欧は「雨傘運動後、中国は何でもやりたい放題になった」と言う。これまで隠していた牙をむき出しにし、締め付け強化に転じたのだ。香港紙記者は「習近平指導部が『香港の自由を認めていると、いつまた歯向かうか分からない』と判断したのだろう」と指摘する。

▽手遅れではない

中国の強圧姿勢は香港側も硬化させた。

旧来の「穏健民主派」の平和的手段では何も得られないと、暴力も辞さない急進民主派が台頭。香港が自分たちの「本土」だとして中国人排斥を訴え「本土派」と呼ばれる一大勢力になった。2月には九竜地区の繁華街で放火や警官襲撃を行い、130人以上が負傷する〝暴動〟も起こした。「香港独立」を堂々と掲げる団体すら出現した。

反中感情の高まりを受け2月の中国人観光客数は前年同月比26％減。小売業の総売上高も約2割減り失業率は上昇した。閉塞感がさらに急進派への期待を強める。

学生雑誌による調査では学生の36％が「本土派」を支持し、「穏健民主派」支持の29％を上回る。危機感を抱いた中国政府の出先機関「香港連絡弁公室」幹部は4月、「香港独立を訴えるいかなる言論も犯罪行為だ」と断言し「言論の自由」制限にまで踏み込んだ。

刻々と自由が失われつつある香港。だが欧は「まだ決して手遅れではない」と前向きに言う。「個人は無力。1人のスーパーマンが突然敵をやっつけることはない」。だからこそ「力を合わせて未来を変えよう」。絶望ではなく希望を。映画に込めた欧のメッセージだ。

★香港離れ日本移住も★

「最近、普通話（中国の標準語）を聞くだけで恐怖からパニックを起こす」。香港を拠点に中国軍事情報を集めている著名な軍事評論家、平可夫は、周囲に中国当局の影をひしひしと感じる。

２０１５年中国本土から香港を訪れた中国人は、香港の人口の６・３倍にあたる延べ約４５８０万人。日本で換算すると年間８億人もの中国人が来日する感覚だ。地元で使われる方言「広東語」とは全く違う「普通話」が、香港中にあふれている。

中国の機微に触れる情報を扱っていると、常に「当局による拘束」の危険が付きまとう。それでもこれまで香港は〝安全圏〟とされてきた。だが急速に締め付けを強める中国を見て、平は「香港は既に危ない」と断言。香港を離れ日本移住を決めた。人々の危機感は既にそこまで来ている。

芹田晋一郎＝２０１６年5月18日

■弾圧に抗して■

ヒマワリ学生運動の先へ

「台湾の新時代をつくるため、若者の政治参加に道を開く懸け橋になりたい」。台北市内の議員会館事務所で立法委員（国会議員）のフレディ・リム（林昶佐）が、柔和な笑顔を見せた。

40歳の林は、若者に人気の「重金属楽団、閃霊」（ヘビーメタルバンド、ソニック）のボーカル。2016年初めに議員に転身するまで、顔に隈取りをして上半身裸で、激しいビートに乗せてドスの効いた声で歌っていた。束ねた長髪と左腕のタトゥーを除けば、以前のイメージはない。

「台湾の政治にはテロがつきものだし、資金も必要。家族や友人は反対したが、若者たちのために先陣を切った」

▽がむしゃらに

14年春、中国寄りの国民党政権が進めた中台経済の一体化に反対する学生たちが立法院の議場を占拠した。「ヒマワリ学生運動」と呼ばれた抗議活動で、対中貿易自由化は阻止された。林はこのとき「台湾魂」という横断幕を掲げた議場で応援演説をした。

林は青春時代に独立志向のイデオロギーを培った。「民主化が急速に進展した1990年代から台湾史に興味を持ち、多くの本を読んだ」

議場を占拠した若い学生たちは「台湾は当然、独立自主の主権国家」と考える「天然独」の世代。林と学生の独立志向は共振作用を起こす。

林は周囲の反対を押し切って新党「時代力量」を結成。2016年初めの立法委員選挙で5人が当選した。若者新党は、8年ぶりに政権を奪還した民主進歩党（民進党）、下野した国民党に次ぐ「第3勢力」となった。

「台湾、若者、先住民を思いやり、正しいと思えば、がむしゃらに突き進む。その行動力はすごい」。時代力量の女性立法委員で先住民アミ族の39歳、カオル・イヨンが林をたたえる。当選はロック歌手の知名度だけでなく、抜群の行動力と発信力を若い有権者が高く評価した結果だった。

▽チベット支援も

林は20代のころ、民主化の父で元総統の李登輝が開いた政治塾で学んだ。国際人権団体アムネスティ・インターナショナルの台湾支部代表を務め、亡命チベット人の支援コンサートも開いた。16年9月、チベット仏教の精神的指導者ダライ・ラマ14世と亡命先のインド・ダラムサラで会談、台湾の立法院で初の演説をするよう招請した。「快諾してくれた。民進党の立法院長（国会議長）も賛成しており、演説も問題ないと思う。チベット支援のため超党派の議員連盟を設立したい」

中国が敵視するダライ・ラマは7年前に訪台したが、その後国民党政権は、中国に遠慮してビザを出していない。

「民主的で自由な社会を持つ台湾が歓迎しないのはおかしい。中国人観光客もダライ・ラマの講話を聞けば、中国がいうような毒蛇や猛獣でないことが分かるだろう」

インド訪問の後、林は米ニューヨークの街頭で、台湾の国連復帰への支持を呼びかけた。かつてロック歌手として海外ツアーをしていた林は今、台湾の立法委員として世界を飛び回る。

▽親日派

「重金属楽団、閃霊」（ヘビーメタルバンド、ソニック）のボーカルとしてステージに立つ林昶佐（左から2人目）＝台北（同氏提供）

「真っ赤な太陽が落ち、惨めな白日が昇る。（中略）独裁の永世に抗し（わが民族の）悲しき運命の輪廻を断て」。林が最も気に入る自作「鎮魂醒霊寺」の一節だ。

歌詞が例えるのは日の丸（日本）と青天白日旗（国民党）。終戦で日本の台湾統治は終わったが、大陸から来た国民党政権が独裁体制を敷いた。歌は、外来政権に統治され続ける台湾人の「悲運」を断てと訴える。

林の歌には、日本の植民統治に対する先住民の武装蜂起や、国民党政権が台湾人を弾圧した２・28事件など台湾史をテーマにしたものが多い。

「台日の民間関係はとても良い。日本政府も国際社会の公式の場で台湾をもっと応援してほしい。台湾の現在の孤立には、日本にも歴史的な責任があると思う」

日本政府にずばりと注文を付けるが、机の

脇にはキン肉マンやドラゴンボールなどの模型が飾ってある。日本の漫画や映画、テレビドラマを楽しみ、アイドルの歌を聴く親日派なのだ。

「中国寄りの国民党が衰退すれば、10年以内に時代力量と民進党の競争が始まる可能性もある。良きライバル同士になりたい」

ともに独立志向の両党の関係は微妙だ。立法委員選挙では選挙区候補を一本化したが、選挙後の立法院で時代力量は民進党の「密室政治」を批判して一時対立した。

「時代力量はイデオロギー色が強く妥協を許さない。選挙協力もいつまで続くか分からない。彼らが力を付けたいなら、地道に地方を回って基盤を固める必要がある」

民進党のベテラン女性立法委員、蕭美琴は未成熟ながら潜在力を秘めた若者政党の動きに注目する。将来、時代力量は台湾政治を動かす「台風の目」になるかもしれない。

★音楽を封印して★

林昶佐の事務所応接室には選挙運動中のコンサートの写真が壁一面に張ってあり、部屋の隅にはドラム、事務室にはエレキギターが立てかけてあった。だが、楽器はミュージシャン出身のスタッフの所有。林自ら手にすることはない。

「今は政治に集中したい。外国との文化交流の機会があれば演奏するが、本格的なコンサートや海外ツアーは控えている」。立法委員になってから音楽は封印中だ。

「閃霊」は2年前、初めてアコースティック主体のアルバムを出した。ヘビメタと違い、優しい歌声で、台湾史をテーマにした歌詞は、中高年にも聞きやすい。日本から元ちとせもゲストとして録音に参加した。音楽的な成熟は、林の政界入りと関係しているのだろうか。今度会ったら聞いてみたい。

森保裕＝2016年10月26日

■弾圧に抗して■

民主化ののろしを上げよ

統一展望台の双眼鏡をのぞいた。南北朝鮮を隔てる臨津江《イムジンガン》の向こう岸に、行き交う北朝鮮の住民が見える。ラジオの電源を入れると北の宣伝が聞こえてきた。「対南放送」だ。反対に韓国からの「対北放送」も、38度線を越え、統一を願う人々の声を届けている。

ソウルの住宅街にあるビルの1室。「明日の天気です。平安北道は雨後曇りでしょう。続いて為替情報。新義州では1ドルが8250ウォンです」。北朝鮮脱出住民（脱北者）の女性アナウンサーが、北朝鮮国内向けのニュースを読んでいた。民間団体「国民統一放送」が「報道の自由がない北朝鮮のため、われわれが代理で」と、毎日夜間に流す対北放送の一つだ。

▽聴取者70万人

「民主主義の種をまき、北朝鮮の変化を促進させる。要するに北朝鮮民主化運動です」。代表で45歳の李光白《イ・クァンベク》が放送の狙いを語った。内容は国際情勢、北朝鮮内の事件事故、北朝鮮ウォンと米ドル、中国元との実勢レート、穀物価格などだ。

国民統一放送傘下には取材部門「デイリーNK」がある。北朝鮮内の協力者が、中国の携帯電話の電波が届く中朝国境付近に出てきて、内部情報を国際通話で韓国へ伝えている。協力者には危険な仕事だ。この情報を基に記事を仕立てる。

韓国に住む脱北者は約2万9千人。彼らを対象とした各種調査で、国民統一放送を含む韓国のラジオを聞いたことがある人は、15～18％いた。いま北朝鮮で対北放送を聞く人数について李は「ラジオ普及数は50万～70万台。その数かそれ以上の人が聞いている」と推算している。

▽米2トン分

56歳の脱北者でデイリーNK記者チェ・ソンミンの人生は、この放送が変えた。「毎晩必ず聴くファンだったから、南に来てすぐにここに就職した」。日本製ラジカセを布団に隠し、改造して長く延ばしたイヤホンに家族で聴き入っていた。

「最初はでたらめの内容だと思った。でも一度聞くと中毒性があってね。北では報じられない為替や物価が、実際の相場とピッタリ合っているし、少しずつ信じるようになった。音楽、ドラマ、

国民統一放送のスタジオで「対北放送」の準備をする、脱北者の女性アナウンサー＝ソウル（撮影・山下和彦）

ニュース、何でも聴いた」。20年以上聴くうちに体制への忠誠心が薄れ、南での生活を夢見るようになり、２０１０年、家族で咸興《ハムフン》市を脱出した。

為替や物価の情報は、北でのニーズが高い。近年、配給制度はほぼ崩壊し、各地に「ジャンマダン」と呼ばれる市場が生まれた。現地通貨の信頼性が落ちて外貨が流通する中、住民はいや応なしに市場経済の暮らしに放り込まれた。

外では誰も「南朝鮮（韓国）のラジオを聴いた」とは言わない。しかし、国際情勢を詳細に知っている住民はいた。チェは「こいつもラジオを聴いているな、と会話からお互いに分かる。捕まるから明かさないだけ」と話す。

同じ脱北者のデイリーＮＫ女性記者ソル・ソンアがラジカセを買ったのは、30

代目前の1994年ごろだ。職業は不動産管理をする「住宅指導員」だったが、ラジカセはジャンマダンの前身、闇市場で米2トン分の値段、月給の1200倍だった。購入できたのは、副業で薬品を密造・販売していたためだ。社会主義体制が傾き、何か商売をしなければ食べていけなかった。

ソルが聴いていたのは韓国KBSや米政府系ボイス・オブ・アメリカ（VOA）の韓国語放送。「北と南の言葉は少し違うから、南の放送が聞こえたとき、びっくりしてすぐに消した」が、好奇心は抑えられず、ある日、韓国経済史の講義をじっくり聴いた。「商売を始めた頃で、市場経済の仕組みを知り感動した」

▽金日成主義から転向

国民統一放送代表の李がラジオにこだわる理由は、大学生だった80年代、韓国で北からのラジオを必死に聴いていた時期があったからだ。

韓国で民主化闘争が激しかった時代、北朝鮮式の社会主義を信奉する「主体思想派」が学生運動を席巻していた。その地下組織の教育部長だった李は放送を書き取り、金日成主義を広めていた。

だが、90年代後半になると、北で大量の餓死者が出て、社会主義の失敗が誰の目にも明らかになった。南の主体思想派は衰退し、地下組織も解体。李は過ちに気付き、北の民主化の手助けを目指すようになった。

2005年12月10日の世界人権デー。「自由朝鮮放送」がソウルから放送を開始し、李も加わった。14年には、聴取率アップを目指して自由朝鮮放送など複数の対北放送局とデイリーNKが統合し、国民統一放送がスタートした。

「（北朝鮮で）政府の統制力が落ちたとき、ラジオを聴いて民主主義と人権の概念を知った人がどれだけいるか、が分断克服の鍵だ。北が内側から変わらなければ」。李は、民主化ののろしが上がる日が来ることを願っている。

★色眼鏡★

人権問題はイデオロギーに左右されない人類普遍のテーマだ。しかし、日本や韓国で北朝鮮の人権問題に向き合うと、色眼鏡で見られかねない。

国民統一放送は北朝鮮を打倒する「新右翼」の政治活動だとの批判が根強い。放送がスタートした日、事務所には抗議デモが押しかけた。運営費の６割以上は米国の団体からの出資金で、国内の寄付金は少ない。政府の支援も不十分で、国内の周波数が割り当てられず、中央アジアのタジキスタンから送信している。

日本では、北朝鮮批判が在日朝鮮人いじめにすり替えられることが多々ある。反対に、在日の人権に関心の高い人々が、北朝鮮内の問題にあえて声を上げないことも。電波が国境や体制を跳び越え届くように、すべての人権侵害に対して平等に、鋭敏でいたい。

角南圭祐＝２０１６年６月15日

■弾圧に抗して■

どうか、あの非道を止めて

あの男たちは悪魔だったのか―。中東の過激派組織「イスラム国」（IS）に奴隷として捕らわれた身からようやく逃れ、1年5カ月ぶりに家族と再会した。だが悪夢にうなされる日が続く。ヤジド派とも呼ばれるイラク北部クルド系の少数宗教ヤジド教徒の女性ナスリーン・アハメッド。過酷な体験を「早く忘れたい」と思いつつ、「あの非道を早く止めてほしい」と強く願う。

▽避妊薬

「夜中にISの司令官や戦闘員の男たちに何度もレイプされた」「『おまえたちは800～1千ドルでいつでも売り渡せる』と脅され、避妊薬を渡された」

当時18歳だった。性奴隷として4回売り飛ばされ、ISの男たちの手を転々とした。激しく殴られたり、地下室での生活を強いられたりした。多くのヤジド教徒の若い女性たちと一緒に監禁された時期もある。

奴隷として過ごしたのはIS占領下のイラク第2の都市モスル。監視の目をくぐり逃亡を企てたが「助けを求めた人が裏切り、ISの男の元に戻され激しく打ちのめされた」。同じ境遇の女性たちと一緒に逃げようと計画しながら、取り残された不運もあった。

モスルでは米軍の空爆を経験した。本妻もいる4人目の「主人」だった男の自宅に捕らわれていた時、「夜半に建物を揺らす振動と爆撃音で何度も目を覚ました」。同胞を含む多くの市民の犠牲も目の当たりにした。

▽脱出と再会

黒い旗を掲げた一団が、ナスリーンの故郷を襲ったのは2014年8月だった。イスラム国家の樹立を一方的に宣言してから1カ月余り。ISがシリア国境に近い要衝シンジャール一帯に大攻勢をかける。地元を守るはずのクルド系治安部隊「ペシュメルガ」は応戦せず退却した。土漠地帯が広がる山中に逃げた人は、多くが暑さや飢えから息絶えた。

避難民キャンプで母親や親戚らと暮らすナスリーン・アハメッド（上）。家族との生活で表情にも落ち着きを取り戻しつつあるが、「奴隷」だったトラウマに悩むことも多い＝イラク北部クルド自治区ドホーク郊外（撮影・村山幸親）

ＩＳは当初「われわれに従えば悪いようにはしない」と呼び掛けたがすぐに偽りと分かった。一家９人全員が人質になり、離れ離れにされた。

ＩＳはヤジド教を「邪教」と断じる。イスラムへの改宗を迫り、改宗しなければ、奴隷にするか殺してきた。クルド自治政府によると、虐殺や餓死も含めイラクのヤジド教徒は６千人以上が犠牲になったとされる。

幽閉から逃れたのは16年1月。隠し持っていた携帯電話でやっと母と連絡が取れた。ＩＳの「主人」が外出後、家族の目を盗み、母が手配した脱出業者の車に乗った。

途中から雨の中２日間歩いて逃げ、クルド自治区で母サムスーンと抱き合った。シリアで人質生活を送り、脱出した母や弟妹とクルド自治区ドホーク郊外の避難民キャンプで暮らす。

37歳の母は、トラウマに悩む娘を見やり肩に手をかけた。「明るくおおらかだったのに別人になった。自分を責めてはいけないと励ますのだが」

再会から間もなくナスリーンは母とヤジド教の聖地ラリシュに足を運んだ。ＩＳに拘束された父と３人の兄弟は行方不明のまま。峡谷からわき出す聖水で身を清め「同胞や家族が無事生還できますように」と祈った。

▽被害者の負い目

再び一緒に暮らせる日が来たら、その後は「『神の下』に行こうと思う」。ヤジド教徒としての尊厳を奪われ、ナスリーンは「（自分は）生きる価値はあるのか」と思い詰める。

なぜ、被害者が自死を覚悟するほどの「負い目」を抱くのか。

クルド自治政府によると、イラクだけで60万人とされるヤジド教徒は、トルコやシリア、イラン、アルメニアなどにもいる。中東では女性の純潔が重んじられ、ヤジド教は純粋な血統を固く守る。レイプされた被害女性には厳しい視線が向けられる。

そんな保守的なヤジド教が16年2月、最高聖職者名で異例の声明を出した。「ISに迫害された女性や子供たちも同胞だ。寄り添い、救いの手をさしのべるのがわれわれの義務だ」。呼び掛けはISにじゅうりんされた同胞にとり、いちるの望みとなっている。

ヤジド教の起源は不明だが、キリスト教より歴史が古いとされる土着の宗教だ。ゾロアスター教などさまざまな宗教の影響を受けてきた。文化や教義は口承。孔雀天使をあがめるなどその独自性ゆえに、イスラム教徒からは「悪魔崇拝」と異端視されてきた。

ISだけでなく、オスマン帝国時代やフセイン政権下でも、何度も虐殺や強制移住の迫害を受けている。

シンジャール中心部は15年11月、ペシュメルガがISから奪還したが、町は破壊され尽くした。周辺にある故郷の村は、その後も黒い旗の支配下にある。「一日も早く帰りたい」との願いがかなうのはいつのことか。イラク戦争後の混乱が引き裂いた日常への復帰は遠いままで、少数派の苦難に終わりは見えない。

★告白する勇気★

過激派組織「イスラム国」（ＩＳ）の奴隷にされたヤジド教徒の女性たちが、心も体もずたずたにされた体験を他人に話すことはまれだ。まして、自分の顔や実名を公表することはほとんどない。そう聞いていた。

それでもナスリーン・アハメッドは、ＩＳの非道を世界に知ってほしいとの一点だけで取材に応じてくれた。寡黙な彼女に、悲劇の詳細を聞くのは正直言って、ためらわれたぐらいだ。

とつとつと語る姿勢が印象的だった。同じくＩＳに故郷を奪われた通訳のヤジド教徒の男性がトラウマに悩む彼女を何度も励まし、インタビュー中に時折、笑みがこぼれたのは救いでもあった。

彼女の今後の人生には多くの苦労が待ち受けているだろう。告白の勇気を無にしたくはない、と胸に刻んだ。

三井潔＝２０１６年８月３日

■弾圧に抗して■

南米先住民「最後の牙城」

見渡す限り、低木と土漠の荒涼たる風景が広がる。アンデス山脈から吹き下ろす、強烈な寒風が頬をたたく。

南米アルゼンチンとチリの南部にまたがるパタゴニア地方。「大地の人々」の意味を持つ先住民マプチェが先祖代々守り抜いてきた土地だ。

スペイン人の征服者が南米大陸に足を踏み入れてから５００年余り。各国で先住民の同化が進む中、マプチェは支配にあらがい、同化を拒み続け、「抵抗する民」として名をはせてきた。

▽負けてはならない

「マリチウェウ、マリチウェウ」。たき火の前で、37歳の女性リーダー、ロレナ・マリペと一族が拳を夕暮れの空に突き上げ、叫んだ。マリペ一族はアルゼンチン中西部アニェロ郊外の荒野に暮らすマプチェだ。国営の石油会社ＹＰＦが、父祖伝来の土地で進める石油と天然ガスの掘削に反発。見張り小屋を建て24時間態勢で監視を続ける。

叫び声に込められた意味は「10人の指導者が倒されたら、新たに10人が蜂起せよ」。マリペは「マプチェには『決して負けてはならない』という抵抗の血が流れている」と語る。

マプチェの総人口は１００万人余り。アンデス山脈の両側で、主に牧畜や農業で生計を立てながら暮らす。

マプチェの歴史は、反骨そのものだ。現在のペルー南部クスコを首都に、大陸北端コロンビアからチリ中部まで版図を広げたインカ帝国（15～16世紀）にも屈しなかった。スペインによる征服後も１８６０年、パタゴニアで独立国家樹立を宣言。だがリーダー不在で瓦解し、約20年かけて再びチリなどに併合された。

マプチェが特に多いチリ中部アラウカニア州では、国軍の駐留に抵抗した。凄惨な民主化運動弾圧で知られた1970～80年代のピノチェト軍事独裁政権にあらがい、多くの先住民が非業の死を遂げた。90年の民主化で政府との対話が始まったが頓挫し、土地や水の権利を求めるデモや占拠が各地で続く。

▽鎖で体を

「新たに造った石油掘削機を稼働させるため、電線を引きたい。理解してもらえませんか」

見張り小屋を訪れたYPFの交渉係ルイス・ハラが平身低頭で頼み込んだ。だが、マリペの態度は冷たい。「家族みんなが嫌だと言っている。お断りします」

一族約80人が暮らすには広大な1万6千ヘクタールの大地。気付かぬうちに掘削施設が造られ、一部は既に稼働していた。

話し合いが不調に終わり、車に戻ると68歳のハラは急に口調を変えた。「土地は地元政府のもの。本当は彼らには開発に反対する権利はない」

「勝手に造るとトラブルの元だから、話を聞いてやっている。やつらは金がほしいだけだ」と吐き捨てるように続けた。

マリペは反論する。「金を要求したことは一度もない。先祖の土地を守りたいだけだ」

2014年10月。一族の数人が掘削機に上り、鎖で体を縛り付けて稼働を食い止めた。油田開発

国営石油会社の天然ガス施設が稼働する土地に暮らし、先住民マプチェー族と共に開発への抗議活動を続けるロレナ・マリペ＝アルゼンチン中西部アニェロ郊外（撮影・村山幸親）

で生活用水の川が汚れ、一族に病人が急増したからだ。「実力行使はしたくなかった」。だが、父ががんで死に、仕方なかった」。地元政府は間もなく、一族の居住権を初めて認めた。だが、アルゼンチン政府はマプチェ居住地域に警官を増員して圧力を強める。

土地を守る運動で放火や暴動がエスカレートしたチリは、さらに抑圧的だ。ピノチェト軍政下で作られた反テロリスト法をマプチェに適用し厳罰化。服役囚はハンガーストライキを起こし、国連に仲介を求めて首都サンティアゴの国連施設に立てこもったグループも。政府との対話は停滞し、抗議は再び過激化の兆しを見せる。

▽消えゆく伝統

そんなマプチェにもあらがえないものがある。生活の現代化だ。

太平洋岸に近いアラウカニア州西部。湖畔の寒村に立つわらぶき小屋で、機を織る民俗衣装の女性を観光客の一団が物珍しげに眺め感嘆の声を上げた。「初めて見た。伝統は守りたいけど、ほとんど知らない」

実は洋服姿の観光客も全員が、町に住むマプチェ。植物を煮出した染料で羊毛を染める様子を真剣に見詰める。

「マプチェがマプチェに伝統技術を紹介しなければならなくなった」。地元一族のリーダーで、50歳のマプチェ政党幹部グスタボ・キラケオは嘆いた。「マプチェの言葉を話せる者は、実は20％しかいない」。大半は伝統的な暮らしを捨てた。

マリペの夫は白人だ。娘の夫も白人系で、生後間もない孫は、見ただけでは先住民系かどうか分からない。

だが、マリペには「屈服を余儀なくされてきた南米先住民の最後の牙城」というマプチェの自負がある。「土地を守るため死ぬまで戦う」。石油施設をにらむマリペの顔に、抵抗の民としての誇りと伝統喪失の焦りがにじんだ。

★無視される声★

先住民人口比率が85％と南米最多のボリビアでさえ、先住民の大統領が誕生したのは２００６年のエボ・モラレス氏が初めてだ。隣国チリの人口に占めるマプチェの割合は約９％。

アルゼンチンに至っては先住民全体でも3％にすぎない。

政財界を白人が牛耳る南米で、先住民の声はほぼ無視され続けてきた。大陸南部の辺境で、抵抗を続けてきたマプチェの反骨心が国際社会から注目を集め始めたのは、石油や銅などパタゴニアにも眠る天然資源の価格が世界的に一時高騰したからにすぎない。

パタゴニアの無人の荒野で、石油掘削機が上下する光景に感じた何とも言えない違和感。「開発はやむを得ない部分もあるが、その利益を地元に還元してほしい」。マプチェの声は政府に届くだろうか。

遠藤幹宜＝2016年10月19日

■弾圧に抗して■

絶望に光を見いだして

国旗や国歌を失った立場でも五輪への情熱は変わらない。内戦で混迷を深めるシリアを命懸けで脱出し、ドイツとベルギーに渡った2人の競泳選手。失意の底からそれぞれの運命に導かれ、2016年8月5日開幕のリオデジャネイロ五輪で史上初めて結成された「難民五輪選手団」の一員として夢の舞台に立った。

18歳のユスラ・マルディニは女子100メートル自由形、25歳のラミ・アニスは男子100メートルバタフライで出場権を得た。

2人とも政治的な発言は控えるが、世界のスポットライトを浴びる五輪はスポーツを通じて自分自身を表現する最高の場でもある。五輪旗の下、国家の枠を超え、開会式で行進した両選手は「絶望の淵でも小さな光は見える。世界の難民に平和と希望のメッセージを届けたい」と目を輝かせた。

▽ボートを押して

シリアの首都ダマスカスで生まれたマルディニは、3歳から始めた競泳のおかげで生き残ることができた。

「すてきな家だった」という自宅は内戦で破壊され、練習プールの屋根に爆弾が落ちるという危機一髪の経験も。泣く泣く故郷を離れた15年8月には、五輪出場など夢にも思わなかった。

トルコ西海岸のイズミルからギリシャに向かうゴムボートは定員超過の約20人でひしめき合い、沈みかけた。「出港してわずか30分でエンジンが止まった。生きるために必死だった」。夕闇が迫るエーゲ海に姉と無我夢中で飛び込み、4時間近くボートを押しながらレスボス島に泳ぎ着いた。「海は暗く、冷たくて怖かった。着ていたTシャツとジーパン以外は全て失ってしまった」と今も恐怖がよみがえる。

マケドニア、セルビア、ハンガリーと陸路で国境を越えてドイツに入った。ベルリンのクラブが受け皿になり、学校に通いながら練習を積む日々は「2年間練習できなかった分、幸せを感じる」。

両親とも再会し、内戦で失った時間を取り戻すようにタイムもぐんぐん伸びる。「どんな困難も、

「難民五輪選手団」の記者会見を前に笑顔を見せる競泳のユスラ・マルディニ。「母国を離れて暮らす難民の人たちに生きる勇気を与えたい」（共同）

嵐のような日々も、いつかは落ち着く。母国を離れて暮らす難民の人たちに生きる勇気を与えたい」とあどけない顔に笑みがこぼれた。

▽難民収容所で

トルコ国境に近いシリア北部のアレッポで生まれ育ったアニスは故郷を「世界で最も破壊された街」と表現した。5年前、昼夜の空爆が市民の命や家を奪い、誘拐も日常化した生活に絶望して、小さなカバンに「2枚のTシャツと2本のズボン、2着のジャケット」を詰め込んだ。家族との別れを覚悟し、7歳から始めた競泳を安住の地で続けたい一心だった。

シリア代表の競泳選手だったおじに触発され、心の支えとしてきたのは「わが家」と言い切るプール。まず兄がいたトルコのイスタンブールに渡り、五輪の夢を追い掛けたが、トルコ国籍がなければ大会に出場することもできない。「勉強しても試験さえ受けさせてもらえない。トンネルに迷い込んだ心境だった」と苦笑いする。

密航業者のゴムボートでギリシャのサモス島に渡り、マケドニア、セルビアなどを他の難民と共に徒歩やバスで移動。15年12月にベルギーの難民収容所にたどり着いた。コーチと出会い、国際オリンピック委員会（ＩＯＣ）から特別支援を受ける幸運に恵まれた。

「難民は犠牲者というだけじゃない。願い続ければいつかゴールが見える。夢を諦めないでほしい」。五輪では力強い泳ぎで感謝の思いを届ける。

▽もう一つの夢

中東やアフリカの紛争地域から欧州に難民が大量流入している問題を受け、ＩＯＣは国連や国連難民高等弁務官事務所（ＵＮＨＣＲ）と連携し、難民となったトップレベルの選手の支援に２００万ドル（約２億４００万円）の特別基金を設立。難民キャンプなどで見つけた43人の候補選手から10人を選んだ。南スーダンから５人、シリアとコンゴ（旧ザイール）から２人ずつ、エチオピアから１人の構成だ。

実は４カ国ともそれぞれ選手団を派遣する予定。このため「（難民選手団の結成は）五輪の政治利用でないか」と批判的な見方も一部にある。

だが、ＩＯＣのバッハ会長は意に介さない。「難民選手は家もなく、国旗や国歌もない。選手団は、難民危機の深刻さを世界に伝え、難民もわれわれの仲間であることを訴えるシグナルなのだ」。

選手にユニホームを支給し、メダルを獲得した場合は表彰式で五輪賛歌が使われる。

難民・避難民は世界で６千万人を超え、シリアが最多の約４８７万人。アニスは同郷のマルディニと毎日のように電話で連絡を取り、互いに励まし合う。視線の先にあるのは２０２０年東京五輪だ。実現するかは分からないが、それでも「平和になったシリアの代表として出場したい」。もう一つの夢も諦めていない。

★故郷への思い★

「第二の故郷」というベルリンで希望に瞳を輝かせるマルディニの姿は苦難を乗り越えた意志の強さを感じさせた。「難民チームを誇りに思う。国旗や国歌の問題でなく、希望の象徴になりたい」と流ちょうな英語で思いを表現した。

押し寄せる難民の受け入れに大きな役割を果たしたのはドイツの地域に根差したスポーツクラブだ。午前と午後、２時間ずつ泳ぎ学校に通う。３月に五輪参加標準記録まで「あと８～９秒タイムを縮めないと」と苦闘していたのに「人生で一度しかないチャンス」と決意した通り、急成長して出場権を勝ち取った。

安全な場所で幸せな生活を手にしても「シリア料理や友だちが恋しくなる」と10代の女の子らしい一面も。リオ五輪では「故郷への思い」も力強い泳ぎで届ける。

田村崇仁＝２０１６年７月13日

◎マルディニはリオ五輪100メートルバタフライ予選に出場、全体の41位で敗退したが、「信じられない気分」と高揚感に浸った。その後、国連総会で難民の権利を呼びかけ、国連難民高等弁務官事務所（UNHCR）から親善大使に任命された。

■記憶の伝承■

米中の正義に翻弄されて

4歳の息子アザム、17歳になった娘ノルゼキよ、父の波乱の歩みに耳を傾けてくれ。米国が進める対テロ戦争と、テロ撲滅を名目とした中国のウイグル族弾圧。二大国が掲げる「正義」に翻弄され、「テロリスト」の烙印を押された人生に。

故郷の中国新疆ウイグル自治区クチャ県を出てから四半世紀。苦難の歩みが15年前の米中枢同時テロで、さらに暗転した。われわれ家族はようやく合流できたが、故郷に戻ることはできない。アザムよ、ノルゼキよ。将来、正義とは何かを考えてほしい。

46歳のアデル・ノーリーは、キューバ東部グアンタナモの米海軍基地にあるテロ容疑者収容施設での悪夢を語り始めた。ウイグル族のイスラム教徒で今はトルコ最大都市イスタンブールに住む。

▽拘束7年半

身に覚えのない容疑で拷問を受けた仕打ちは、私の心の深い傷となった。壮年期を、世界と隔絶させられて過ごした悔しさは忘れない。

米国でテロが起きた2001年9月11日、私はアフガニスタンの首都カブールにいた。米軍のアフガン攻撃でパキスタンに逃れていた02年1月、当局に不審者として捕まり、米軍に引き渡された。カブールでテロ訓練に参加したとの疑いだ。

グアンタナモの独房は幅2メートル弱、奥行き2・5メートル。窓はなかった。暗闇で大音響を鳴らされたり、明かりを常時照らされたりして眠れない。極端に暑くしたり冷やしたりした部屋で、殴られながら取り調べを受けた。

米軍や米中央情報局（CIA）の尋問官からは「（国際テロ組織）アルカイダのメンバーだろう」と追及された。

「ぬれぎぬ」だと反論した。「中国政府の抑圧を逃れ、行商を続けながら同胞とウイグルの独立準備を進めていた。米国を狙う考えはない」

怖くはなかった。出口の見えない日々も神（アラー）のおぼしめしと胸に刻み、1日5回の祈りは欠かさなかった。

「収容者番号584」。グアンタナモでの名前だ。本名で呼ばれたことはない。拘束は7年半余りに及んだ。

▽シロ判定でも

尋問官には、中国政府に迫害されるウイグル族の苦難を説いた。「中国は侵略者で、同胞を虐殺したり、不当に拘束したりしている」

アジアとヨーロッパを隔てるトルコ・イスタンブールのボスポラス海峡を望む公園で、息子のアザムと語らうアデル・ノーリー。イスタンブールで生まれたアザムにとって、故郷ウイグルは「まだ見ぬ祖国」だ（撮影・村山幸親）

ウイグル独立を目指す志は、昔も今も変わらない。故郷を離れたのは約25年前。親しい友人が中国の抑圧的統治に反発するデモに参加して殺され、捜査が自分にも迫ったためだ。以来中央アジアを転々とした。

私も含め、中国の迫害を逃れた先で拘束され、グアンタナモに移送されたウイグル族は計22人。いずれも米当局から「敵の戦闘員ではない」とのシロ判定が下された。だが行く先が決まらないまま拘束が続いた。

確かその時期だった。中国当局者がグアンタナモに来た。帰国の意思を確認するためだ。ガラス越しの面会。穏やかな口調だったが脅迫だった。「国に戻らなければ親族がどうなっても知りませんよ」。無言でやり過ごし帰国を拒否した。

中国は、われわれを「独立を企てるテロリスト」として何度も身柄移送を米国に要求したが、米側は迫害の恐れを理由に拒み続けた。

だが、米本土への移住はかなわなかった。移住希望がいったん認められたが、米司法省が差し止め訴訟を起こし判断が覆ったからだ。これが人権を掲げる国の「本音」か、と失望した。

▽**遠い祖国**

中国ではなく、台湾と外交関係のある西太平洋の島国パラオが、米国の求めで一時滞在を認め、09年10月に収容者だったウイグル族5人と共に移った。だがイスラム教徒はごく少数で南国生活にも慣れない。「無国籍」の立場で、住民に「テロリスト」と後ろ指をさされた時もある。

パラオをひそかに出立したのは12年11月。日本経由で、君たちが待つイスタンブールに向かった。中国上空を飛ぶので途中で着陸するのではと懸念もよぎった。興奮と不安、家族と暮らせる喜びが交錯した。パラオにいた同胞も皆、別の滞在先を見つけた。

イスタンブールには多くのウイグル族がおり、独立の夢を自由に語り合える。イスラム神学校の用務員の職も得た。

だが、ここでも地位は不安定だ。トルコ旅券を取得したが恒久的ではない。過激派組織「イスラム国」（IS）などのテロも頻発する。内戦中のシリアからは難民が押し寄せる。

最近電話をした新疆ウイグル自治区の親族が、中国当局に拘束された。「祖国」は依然遠い。超大国の思惑で強いられた流浪生活が、いつまで続くのかと「棄民」の悲哀を感じている。

アザムとノルゼキよ。皆が「正義」を唱えながら混迷する世界を直視してほしい。ポプラが揺れる故郷の地で、皆で暮らす夢を諦めずに。

★トルコ領事の涙★――――――――――――

ノーリー一家とは４年ぶりの再会だった。ノーリーの当時の滞在先だったパラオを、彼の妻と長女が訪問した後、私の勤務地フィリピンの首都マニラに来た。イスタンブールに向かうためトルコ大使館での査証（ビザ）取得が目的だった。

異国の地で戸惑う２人を約１カ月、同僚が中心となり世話をした。所持金もわずかで、英語を話せない妊娠中の妻と12歳だった長女を放置するわけにはいかなかった。

トルコ大使館では、家族の苦難を知っていたとみられる領事が「同胞よ。多くの試練があっただろう。これからは私たちが面倒を見る」と涙を浮かべ励ましていたのを思い出す。トルコ人にとってウイグル族は同じ系統の民族で、中国新疆ウイグル自治区は「東トルコ」とも位置付けられる。絆の強さを感じた。

三井潔＝２０１６年９月20日

■記憶の伝承■

原爆開発者の無念が原点

「核拡散上の懸念も十分考慮し、審査を進めるべきだ」「いや、それはわれわれの本来の仕事ではない」――。2012年夏、女性地質学者のアリソン・マクファーレンが米原子力規制委員会（NRC）委員長に就任して間もなく、内部でこんな議論が繰り広げられた。

NRCは原子力施設の建設・運転認可や核物質管理など規制業務を担当する米政府の独立機関。東京電力福島第1原発事故の後、日本で新設された原子力規制委員会のモデルにもなった。

そのNRC内で審査対象となったのは、日米の原子力大手が商業化を目指していた新型ウラン濃縮技術。濃縮は原発燃料製造に必要な技術だが、核爆弾製造にも転用可能だ。広島原爆には初期の濃縮技術が使われた。

「私は核拡散上の問題も検討すべきだと考えたが、他の委員は違った」。既に退任したマクファーレンが回想する。NRCの本業である原子力施設の安全審査のみならず、軍事上の脅威にも視野を広げる必要性を主張したが、通らなかった。

▽残り3分

マクファーレンの脳裏には、ある時計の存在があった。

2016年1月、米誌ブレティン・オブ・ジ・アトミック・サイエンティスツが公表した「終末時計」の針は残り3分を指していた。イランの核問題では進展があったが、核保有国の核兵器の近代化計画は進行中で、米ロの核軍縮交渉は完全に停滞、北朝鮮の核開発や南シナ海の領有権争い、地球温暖化の脅威も判断要素となった＝ワシントン（撮影・川尻千晶）

「終末時計」。核使用などによる人類最後の時を午前０時になぞらえ、それまで残り何分かを示す概念上の時計だ。米誌ブレティン・オブ・ジ・アトミック・サイエンティスツ（以下ブレティン）が科学者の議論に基づき、数年ごとに更新している。52歳になったベテラン科学者のマクファーレン自身も、かつて議論に加わった。

16年1月に公表された終末時計の針は残り３分。米ロ関係の険悪化で一向に進まぬ核軍縮、挑発行為を繰り返す北朝鮮の核問題、既存の核保有国の核兵器近代化、さらに地球温暖化というリスクを勘案した結果だった。

針が最も天頂に近づいたのは、米

国に続きソ連が水爆実験をした1953年の2分。逆に最も遠のいたのは、冷戦終結直後の91年で17分だ。

マクファーレンはじめ多くの政府関係者が核時代の「パワフルなシンボル」と意識してきた終末時計の誕生は、日本への原爆投下にさかのぼる。

▽良心の叫び

米核物理学者アレクサンダー・ラングスドルフは43年、原爆開発計画「マンハッタン計画」に動員され、シカゴへ赴いた。プルトニウム製造に従事しながらも、ラングスドルフは投下直前、他の科学者約70人と大統領のトルーマンに請願書を送付、原爆使用に断固反対を表明した。

しかし、そんな科学者らの良心の叫びは無視され、45年8月、広島と長崎は瞬時に廃虚と化す。

強い衝撃を覚えたラングスドルフは47年、核時代を生きる人類に警鐘を鳴らそうとブレティン誌の創刊に参加。妻で画家のマーティルが、雑誌の中で戦わされる議論を「シンプルなビジュアル」で表現したいと考え、時計を表紙に描いた。終末時計の始まりだった。

マーティルが最初に描いた針は11時53分を指していた。2年後の49年、ソ連が初の核実験に踏み切ると、針は4分進み、残り3分に。

以降、同誌の代名詞ともなった終末時計。その動きは、マンハッタン計画に関係しながらも、その悲惨極まりない帰結に無念の思いを抱いた多くの科学者に支えられた。

「原爆の父」ロバート・オッペンハイマー、無警告原爆投下に異議を唱えたジェームズ・フランク、そして米大統領へ書簡を送り原爆開発の源流をつくったアルバート・アインシュタインも。

「政府で働いてきた経験から言うと、終末時計をわれわれはとても気にしていた。時計は人々の懸念を反映する重要な物差しであり続けた」

▽目覚まし役

40年近く米外交官の道を歩んだトーマス・ピッカリングも、終末時計の存在を意識し続けてきた政府関係者の一人だ。引退後の今は、12人で構成されるブレティン誌の科学・安全保障委員会のメンバーとして、針を何分進めるか戻すか、具体的な議論に関与している。

国務次官や国連大使、駐ロシア大使などを歴任し、今年85歳となった外交界の大物は、まだ駆け出しだった62年秋、ジュネーブでソ連と軍縮交渉を進めているさなかにキューバ危機に直面した。「論理的思考を持つ者なら誰しも、核戦争の可能性を無視し得なかった」。ソ連が米本土を射程に収める核ミサイルをキューバに搬入したことに当時、驚愕したという。

長い核時代の中で、核使用の非道と核軍拡競争の狂気を世界に訴える「目覚まし役」（ピッカリング）だった終末時計。

ピッカリングは、2016年5月の米大統領オバマの被爆地初訪問について「広島で始まった核使用を長崎で終わらせたい。彼は広島を訪れ、その点を明確にした」と称賛しつつ、こう付け加えた。「まだまだやるべきことが多い。終末時計はそう人々に注意喚起する重要な役目を担い続ける」。

★被爆国にも責務★

吐く息が白く、全身がいてつくような寒い朝だった。ワシントン特派員だった2007年1月、終末時計の記者会見場に足を運んだ。北朝鮮の核開発、イランの核疑惑、核軍縮の停滞と地球温暖化の危機―。針が7分から5分になった理由が説明された。

顔見知りの関係者がいたので「ひょっとして日本も影響しているのか」と尋ねたら、「その通り」との答えが返ってきた。日本では06年の北朝鮮の初核実験を受け、政府与党の有力者が核武装について議論すべきだとの持論を唱えていた。

軍事転用可能な原子力技術を持つ日本は常に、核専門家の関心の的だ。「米国第一主義」を訴え、日本の核武装容認を示唆する大統領候補すら米国に現れた。残り3分の針は進んでしまうのか。被爆国の責務は重い。

太田昌克＝2016年8月10日

◎終末時計は2017年1月、30秒進められ、残り「2分30秒」となった。核兵器削減や温暖化対策でトランプ米大統領が後ろ向きな発言を繰り返したことなどが理由とされた。

■記憶の伝承■

「恥」抱え駆け抜けた戦後

公園のベンチで太鼓をたたく男児を、パイプを片手にした老人が見守っている。ドイツのノーベル文学賞作家ギュンター・グラスの出身地ポーランド北部グダニスク（旧ダンチヒ）。ナチズムに染まっていく第２次大戦前後の故郷を、子ども目線で批判的に描いた代表作「ブリキの太鼓」の主人公オスカルと、グラス自身が語り合っているようにも見える銅像だ。

数分歩いたところに、ドイツ人の父、少数民族カシューブ人の母と暮らした家がある。グラスは生前、自分の銅像建立に反対したため、設置は死去半年後の２０１５年10月。ドイツの歴史的責任を直視し、戦後文学のシンボルとされたグラスの遅い「帰郷」となった。

▽揺らいだイメージ

親交のあった67歳のポーランド人作家ステファン・フウィンには、苦い思い出がある。

グラスは06年8月、78歳の時にナチス・ドイツの親衛隊（ＳＳ）に所属していた過去を自伝で初めて告白、世界に衝撃を与えた。告白の前にグラスと食事をした際、終戦間近の日々が話題になったが「グラスはＳＳの過去に一言も触れなかった」。ドイツ国防軍兵士として敗戦を迎え、米軍の捕虜になったという従来の説明を繰り返した。

ユダヤ人虐殺を主導したＳＳと国防軍兵士とでは、闇の深さが全く違う。「（グラスの）説明はうそだった」。自伝によると、ヒトラーを信奉したグラスは１９４４年、17歳のころにＳＳ装甲師団に配属されていた。

フウィンは「偉大な作家は誰もがそうだが、グラスは興味深く、謎めいた人物だった。だが、決して天使ではなかった」と振り返る。

過去の告白で「ナチスを支えたドイツ社会を告発する作家」というグラスのイメージは大きく揺らいだ。ノーベル平和賞を受賞したワレサ元ポーランド大統領は「これまで握手する機会がなくて良かった」。ドイツやポーランドで批判が相次ぎ、グラスの評価をめぐる激しい論争が起きた。

グラスはグダニスク市長に宛てた手紙で「若き日の短くも重いエピソードを、恥の気持ちから胸にしまい込んでいた」と釈明した。その上で「過去から学んだ。教訓が執筆や政治活動の原動力になっている」とも。60年以上、恥を胸に秘めて駆け抜けた戦後だった。論争は、告白したグラスに多くの者が支持を表明する形で収束した。

▽和解への貢献

「もう許した。重要なのは作品だ」。フウィンは深いため息をつくと、抑圧的な共産政権下のポーランドで、初めてグラスの作品に触れた時の衝撃を語り始めた。

地下出版されたポーランド語版「ブリキの太鼓」を読んだのは20代の時。「自由の爆発だった。大いに想像力をかき立てられた」。本質をずばり指摘し、性描写も織り交ぜた小説は新鮮だった。

ただ、ひとつだけ残念なことがある。「グラスは政治に関わりすぎた。後年の作品が優れなかったのはこのためだろう」

70年12月、ポーランドの首都ワルシャワのゲットー英雄記念碑前で、西ドイツ（当時）のブラント首相がひざまずき、ナチスのユダヤ人虐殺の犠牲者に謝罪の意を表した。ソ連、東欧との和解を実現した東方外交の象徴的シーン。随行団にはグラスも加わっていた。

グラスとブラントの盟友関係は、61年にまでさかのぼる。西ベルリン市長だったブラントは、西ドイツの戦後文学運動「グループ47」の若手作家を市庁舎に集め、自分の演説原稿を書く者はいないかと問い掛けた。ただ一人協力を申し出たのが、グラスだった。

「ブリキの太鼓」の主人公オスカルとギュンター・グラスの像が置かれた公園で、グラスとの思い出を話す作家ステファン・フウィン＝ポーランド・グダニスク（撮影・伊藤智昭）

グダニスク市幹部のアンナ・チェカノウィッチは「政治活

動家」グラスを高く評価する。「ブラントがひざまずいたのは、ポーランドとドイツの和解に向け重要な行動だった。グラスの貢献も大きかった」

▽**「難民の代理人」**

ドイツ北部リューベックの記念館ギュンター・グラス・ハウス。36歳で館長のイェルクフィリップ・トムザは「SSの過去を生前に告白できたのは幸運だった」と話す。グラスはその後、少し重荷から解放されたかのようだった。

晩年は「フェイスブックやツイッター、ブログとは何か。衰えを知らない好奇心で、孫たちを質問攻めにした」。新しい話題を追い、最期の時まで時代に伴走し続けた。

難民問題への関心はとりわけ強かった。戦後、グダニスクがポーランド領となり、グラス自身も故郷を失った経験を持つ。家族は難民として逃れた西ドイツで、よそ者として冷たく扱われた。「難民問題は初期の作品から大きなテーマだった。グラスは『難民の代理人』と呼ばれたこともあった」とトムザ。

２０１５年４月の死去直前には排外主義に反対し、難民の保護を訴える詩を発表している。シリア内戦の激化に伴い、ドイツへの難民の大量流入が始まったのは、死から間もない15年9月だった。

★親から子へ★

雨にぬれた石畳を進むと、黒いゲートが待ち構えていた。ナチス・ドイツのシュツットホーフ強制収容所跡。グラスの故郷グダニスクからわずか30キロの場所にある。悪名高いアウシュビッツに比べると小規模だが、ガス室や焼却炉を備え多くの収容者が命を落とした。

グダニスク北部のバルト海沿岸には、ナチスの戦艦シュレスウィヒ・ホルシュタインが最初に砲撃を始め、第２次大戦の発端となったウェステルプラッテの記念碑が寒空に向かってそびえ立つ。街中には、ナチスの親衛隊と郵便局員らが十数時間にわたる攻防戦を繰り広げた郵便局のひっそりとしたたたずまい。

終戦から70年以上が過ぎても、いまだに残る戦争の生々しい傷痕。親子連れが訪れる姿に、記憶を継承する町づくりのすごみを実感した。

櫻山崇＝２０１６年４月13日

■記憶の伝承■

ヒトラー著作の魔力を解く

黒ずんだ壁が重い歴史を物語る。ドイツ南部ミュンヘン近郊のランツベルク刑務所。アドルフ・ヒトラーがワイマール共和制打倒を目指した１９２３年のクーデター「ミュンヘン一揆」に失敗し、収監された場所だ。独房での時間を理論武装に使い、独裁者に上り詰める端緒をつかんだ。

ナチスの反ユダヤ主義の基礎となった著書「わが闘争」はここで生まれた。アーリア人優越思想を掲げ、「生存圏」確保のため東方進出を主張した著書は、第1次大戦後の混乱と世界恐慌に苦しむ国民に浸透し、約1200万部の大ベストセラーとなる。

国民の支持を得たナチスは33年に政権を奪取。第2次大戦を引き起こし、約600万人のユダヤ人を虐殺、欧州に破滅的な戦火をもたらした。

▽注釈付き2千ページ

「この本の魔力を解かなければならない」。ミュンヘンの書店経営者で52歳のミヒャエル・レムリングの視線の先に、ドイツで第2次大戦後、初めて再出版された「わが闘争」が積まれていた。

ナチス研究で知られる「現代史研究所」のプロジェクトチームが、原文を詳細に検証。大量の注釈を加え、ユダヤ人排斥や領土拡大の主張が根ざすうそや論理のすり替えを暴いた。

原文は約800ページだが、1ページに対し注釈が3ページに及ぶこともあり、新刊は2巻で約2千ページに膨らんだ。表紙はグレーでヒトラーの写真などは印刷せず、題字だけの地味なデザインにした。

原文で、ヒトラーは「ユダヤ人が売春や少女売買を支配している」と主張したが、注釈は1910年当時に特定されていた少女売買業者を分析し、ユダヤ人の支配はなかったと解説した。また「（ユダヤ人の）うそのうまさに感服」とした部分は、具体的情報が書かれておらず「（ヒトラーの）想像の産物」と一刀両断にしている。

ドイツ・ミュンヘン近郊のランツベルク刑務所。ヒトラーの著書「わが闘争」はここで生まれた（撮影・澤田博之）

現代の歴史家がヒトラーに正面から挑んだ力作だが、ドイツでは２０１６年１月の発売まで是非を巡り論争が続いた。

販売を拒絶したり、注文販売に限定したりした書店もあり、レムリングは思い悩んだ。「この本を置いて良いものか」。15年11月、プロジェクトチームを率いる歴史家で57歳のクリスティアン・ハルトマンを招いて、書店でシンポジウムを開いた。

▽曲折たどって

「わが闘争」はこれまでも何度か再出版の話が持ち上がったが、ヒトラーの生前の住民登録先として著作権を保有するバイエルン州当局が阻止してきた。だが、著者の死後70年間保護される著作権が15年末に切れ、第三者の出版が可能になる。

ハルトマンはシンポで、ネオナチなど極右勢力による悪用を避けなければならないと出版の意図を説いた。

説明を聞き、レムリングは歴史家が注釈を付けた「わが闘争」を早急に定着させる必要があると考えた。「店に置いたのは正解だった。よく売れたが、購入客の中に懸念されたネオナチはいなかった」

注釈付きの再出版については1970年代から、歴史家の間で求める声が出ていた。古本屋で原本数十万部が出回り、インターネットでも読むことができたためだ。現代史研究所は80～90年代に、ヒトラーの演説や著書の全集を刊行。だが「わが闘争」だけは、バイエルン州の許可を得られず出版できずにいた。

同研究所副所長で52歳のマグヌス・ブレヒトケンは「この本の象徴的意味合いが、バイエルン州に出版を拒否させたのだろう」と話す。今回の出版に至るまでにも、曲折をたどった。

▽言葉が過激化招く

著作権切れに危機感を抱いた州当局は2012年、注釈を付けた「わが闘争」の再出版を支援することを決めた。だが、バイエルン州首相が13年にイスラエルを訪問した際、ユダヤ人虐殺の犠牲者家族が「ナチス時代のトラウマがよみがえる」と反対すると、州は支援を取り下げてしまう。

プロジェクトチームは、資金援助が得られなくなっても完成を目指して作業を続けた。「犠牲者の気持ちは尊重するが、悲劇を繰り返さないため、国民に幅広い情報を提供する責務がある」

ブレヒトケンは「『わが闘争』に書かれていることと、ヒトラーが政権に就いて以降の出来事との関連性は明白だ」と指摘した。「わが闘争」は、言葉が社会の過激化を招いた典型例なのだ。

それは1930年代に限定された話ではない。このところ難民や移民を標的にした放火事件が多発するドイツでは、難民排斥を求める右派政党「ドイツのための選択肢（AfD）」が躍進し国政進出をうかがう。

ブレヒトケンは「AfDのペトリ代表は、政治論議の場に再び民族主義の概念を持ち込もうとしている。言葉遣いの過激化が気がかりだ」と「わが闘争」復刊が現代に向けた警告でもあることを示した。

★刻印が語りかける★

世界最大のビール祭り「オクトーバーフェスト」などが開催され、ドイツを代表する観光都市として知られるミュンヘン。2015年秋、大量の難民が中央駅に到着した際には、市民が拍手で出迎えた。現在はリベラルな印象が強いが、戦前はナチスの重要拠点だった。

1920年代にヒトラーが住んだアパートのあったイーザル川近くの通りは、昔の面影が残る。中心街へ歩くと、ヒトラー首謀のミュンヘン一揆が鎮圧されたオデオン広場があり、ナチスの集会が開かれたビアホールは今も営業している。

ミュンヘン大学は、学生グループが戦時中に反ナチスのビラを配布して処刑された「白バラ抵抗運動」の舞台だ。壁に設置されたモニュメントが、行き交う学生に約70年前の悲劇について静かに語りかけていた。

櫻山崇＝２０１６年11月30日

■記憶の伝承■

「なぜ悲劇が」考える場に

暗闇に浮かぶガラスケースの一つ一つに、生の証しがあった。「心配しないで」。家で待つ息子を思い、布の切れ端に書かれた母の「手紙」。遺骸の足首に巻かれていた細いワイヤ。弾丸は処刑場跡で見つかった。

ソ連のスターリン政権が大粛清と政治弾圧を行った１９３０～50年代の記憶を刻むモスクワの国立強制収容所博物館。旧ソ連各地の収容所跡で収集された小さな品々は時代に翻弄された人々の叫びを伝える。スターリンを再評価し負の歴史を否定する声がロシア社会で高まる中、マルチメディアを駆使したスタイリッシュな博物館が若い世代の関心をかき立てる。「悲劇が起きた事実を伝え、理由を考える場所にしたい」。34歳の館長ロマン・ロマノフは言う。

だがロマノフ自身も20代後半まで、祖国の負の歴史を知らなかった。

▽「なぜ」と自問

モスクワ生まれのロマノフはソ連崩壊の混乱期に少年時代を送った。10代の頃、美術館にボランティアで関わる。大学では精神医学を学び、博物館で音や光を使う効果的な展示方法も学んだ。

2008年、「副館長募集」に応じ、別の場所にあった国立強制収容所博物館を訪ねた。

館長の歴史家アントン・アントノフオフセエンコは90歳近く。スターリン時代に革命家の父が粛清され、母は刑務所内で自殺。自分は「人民の敵の息子」として20歳前後で逮捕され、計13年間を強制収容所などで過ごした。視力と聴力をほとんど失った晩年期、「繰り返してはならない時代」を「国の記憶」としてとどめるため国立博物館設置に奔走し、01年に創立する。知性と鉄の意志に触れ、ロマノフは初めて自問した。「なぜこの問題を私は知らないのか」

ソ連時代、強制収容所の存在は公然の秘密だった。スターリンが全土につくった収容所には、約2千万人の市民、日本人ら戦時捕虜・抑留者が送られた。処刑や強制労働による死者は200万～1千万人以上とされる。

ソ連崩壊後も弾圧の時代は議論されなかった。ロマノフも母の家族が犠牲者だと推測していたが、問うたことはない。「社会の至る所に弾圧の影が残り、国民のトラウマになっている」とロマノフは考える。

▽**死者のために**

館長が望んだ新たな博物館開設に、ロマノフは走り始めた。

強制収容所に関する品々や文書、映像や写真を旧ソ連全土から収集し、元収容者の証言を記録するチームを立ち上げ、人権団体「メモリアル」と協力態勢をつくった。ナチスの過去と格闘するドイツの経験も研究した。

金やウラン採掘で多数が死亡した極東マガダン州などで調査も重ねた。無人の収容所跡を歩くと「人々の声や足音が聞こえる」とロマノフは言う。自分が立つ荒野に確かに彼らは生きた。恐怖に思いをはせ、死者のために仕事をしたいと思う。

アントノフオフセエンコは93歳で死去。それから2年後の15年10月末、リニューアルオープンの式典が開かれた。「収容所群島」などで知られるノーベル賞作家故ソルジェニーツィンの夫人やモスクワ副市長のペチャトニコフがスピーチした。

視覚的に残虐な展示品はない。だが、遺留物や犠牲者の名前、証言者映像などは深い印象を残す。アントノフオフセエンコは、尋問室などを再現し「震撼させる展示」を望んだが、ロマノフは反対し押し切った。独裁体制に市民も沈黙や密告で加担した。これを理解してもらうために「『なぜ起きたのか』を考えさせる展示であるべきだ」

16年10月、「裏切り者」とのメモを貼ったソルジェニーツィンの写真が博物館前につるされた。ロマノフは「ただのいたずら」と気にする様子はない。危惧するのは、普通の市民が「博物館は米国から金を受け取る裏切り者」「国民の敵」などと口にすることだ。「スターリンが独裁権力を確立する過程の1920年代に口調が似ている」

▽民主主義国家でも

国立強制収容所博物館の展示場に立つ館長のロマン・ロマノフ。ガラスケースの中には過酷な環境を強いられた収容者らに関する品々が入っている。左端のケースに入った木ぎれには「25年の刑を受けた。神よ救いたまえ」と書かれていた＝モスクワ（撮影・フランク・ヘアフォート）

副市長が解説した。「スターリン時代は犯罪的で、政策は失敗続き。でも大祖国戦争と呼ぶ第2次大戦に勝ったために、ロシアは当時の政府をドイツのように全面的に批判できない難しい立場なのです」

市民は生活に不満を抱くと、自分の中に原因を探さず「あなたの問題を解決する」と語る「強い指導者」を夢見てしまう。「どんな民主主義国家でも全体主義者が台頭する危険性がある。それを阻むのは悲劇の記憶だ」。博物館の意義を副市長は熱く語る。

11月中旬、雪の中を中高生の団体や20代の男女らが次々と博物館を訪れた。「自らの歴史を知らない民族に未来はないって言うでしょう？

今日知ったことを両親と話すよ」。14歳のマトベイ・ザイツェフは言った。
「忘却の種から『知りたい』という芽が出ているのが見える。芽はコンクリートも突き破るはず」。前館長の「鉄の意志」はロマノフに引き継がれている。

★悲しみの壁★

国立であることで、国家が博物館に干渉する懸念はないだろうか。ロシアの人権団体「メモリアル」の歴史専門家に問うた。「懸念はあるが、それでも国が負の歴史を認めたことに意義がある」

ロマノフは教育プログラムなど多岐にわたる企画を進めている。55人のスタッフの多くは20～30代。強制収容所関連の資料を持つ旧ソ連内の100余りの施設をつなぐ「記憶博物館協会」もできた。モスクワのサハロフ通りには2017年、国が予算の9割を支出する弾圧犠牲者のためのモニュメント「悲しみの壁」が建つ。

新しい博物館を見ずに死去した前館長はよくこう口にした。地球から消える時にようやく、現世の悲惨と魅惑の全容を知るだろう――。「生を愛した人でした」とロマノフは師を表現した。

舟越美夏＝2016年12月14日

■記憶の伝承■

亡き夫の励ましが聞こえる

ブドウ畑に霧が立った。世界最高峰のワインを生み出すフランス中部ブルゴーニュ地方。11月中旬、黄色く色づいた葉がかすんで揺れている。

「この時期、本当は葉が付いていてはいけないの。肥料の与え過ぎかしら。木を休ませないと」

ビーズ千砂が、隣の畑を見ながらつぶやく。日焼けした顔、青のパーカに長靴姿。ワイン産業の中心地ボーヌ市に程近いサビニー・レ・ボーヌ村の名門ドメーヌ（自分の畑を所有するワイン醸造所）シモン・ビーズの当主として、ワイン造りを率いる。

「土を触ったこともなかった都会の子」が、1880年創業の伝統あるドメーヌの将来を託されたのは3年前だ。

▽夫の死

東京生まれの千砂は、大学でフランス語を専攻しフランスの投資銀行に就職した。1992年、24歳の時から2年間、パリの本社に赴任しワインに魅了される。

帰国後、ワインをさらに勉強して競売会社への転職を考えていた96年、東京でフランスの顧客と出会う。当時のシモン・ビーズ当主パトリックだった。「ワインが好きなら、うちで手伝わないか」

と誘われ、再び渡仏。2人は98年に結婚する。

「ディジョンの大学でワインや醸造について学んだけれど、彼に質問すると『くだらん。誰がそんなことを言っている』とけんもほろろでした」

見よう見まねでワイン造りを手伝い、子育てが一段落した2008年、地元の勉強会で学んだビオディナミ農法でのブドウ作りを実践させてもらった。農薬を使わず、自然由来の調合剤などを用いることで、ブドウの木が本来備えている生命力を発揮させる農法だ。「免疫を高める東洋医学みたいなもの。病気にかかりにくくなり、かかっても葉の表情が明るい」

総面積22ヘクタールの畑の中で、ビオディナミに挑戦する畑を広げていった最中に悲劇が起きた。パトリックが急死したのだ。

▽制御不能の中で

13年7月、ブルゴーニュは激しいひょう害に見舞われた。「育てたブドウが、目の前で傷つき死んでいく」。生産者にとって最もつらい災害だ。

「僕らはワインメーカーと言われるが違う。ブドウを作るのだ」が信条のパトリックは、気が抜けたようになっていた。運転中に心臓発作を起こし、事故で他界する。まだ61歳。10月3日、ワイン生産者にとり最も繁忙な収穫初日だった。

当主を突然失い、ドメーヌは制御不能になった。千砂は自ら数十人のスタッフらを率い、収穫、醸造、瓶詰めに奔走する。「シモン・ビーズは今後どうなるのか」。名門ドメーヌの行方は、フラン

フランス中部サビニー・レ・ボーヌ村のブドウ畑を歩くビーズ千砂。彼女の視線の先にドメーヌ・シモン・ビーズの所有する畑がある（撮影・澤田博之）

スのワイン業界で大きな関心を集めた。

翌14年、新たに当主となった千砂は重圧を感じていた。「失敗すれば、日本人だから、女だからと絶対に言われる。なにくそと思った」。スタッフも思いは同じだった。ドメーヌは結束した。

16年発売の14年ワインに著名評論家のニール・マーティンは１００点満点で92点を付けた。別の評論サイトは「著しいエレガンスと優美さ。それは14年だからか、千砂の手腕か、その両方か」と絶賛した。千砂とスタッフの努力は報われた。

▽メッセージを聞く

実はパトリックの死から2年目の15年、ドメーヌの空気は沈んでいた。「死んで1年目は緊張があった。でも昨年は海に不時着した飛行機がずぶずぶ沈んでいくような落ち込みがあった」

そのとき手にしたのが、13年のボトルだ。夫が死んだ年。「ああ嫌だな」と思いつつ飲んでみて驚いた。

「何これってぐらい、おいしかったの」と千砂が笑う。ひょう害の年、畑で丹精込めていたパトリックの姿を味覚が呼び覚ました。夫に励まされている感じがした。

「身近な人を失うと、その人の感触が失われるのがつらい。幸いワインには五感に訴えるものがある。味わうことで力をもらえる。それを残してくれたのが大きい」。元気が湧いてきた。

ワインは不思議だ。ボトルの中で成長する。歳月がワインの香りや味に、複雑さを加える。パトリックは、「俺のワインはおいしい」とだけ言う人だった。他の表現はしなかった。だが、夫が造った過去のワインを改めて飲んでみて気付いた。「ワインが生きている。エネルギーがある」。千砂の理想とするワインだった。

「夫が生きていたときに、一緒にワインを造ったという感覚はなかった。死んだ後の今、共同作業をしているような感じがある。彼のボトルを空けるたびに、異なるメッセージを聞いている」

シモン・ビーズ所有のブドウ畑の木は、いずれも葉がきれいに落ちていた。ブドウに余計な負荷をかけていない証しだ。伸びた枝を払い、ドラム缶で焼く。ブドウ畑から、幾筋もの白い煙が立ち上るのが見えた。畑を覆っていた霧は、いつの間にか晴れていた。

★テロワールの表現★

２０１６年4月、ブルゴーニュは遅霜に襲われた。ドメーヌ・シモン・ビーズ所有の高台のブドウ畑は実がつかず､収量は例年の８割減だった。「パトリックがいなくてよかった。（ショックで）２度死んじゃうから」とビーズ千砂は言う。

ブルゴーニュの赤ワインはピノ・ノワールという単一品種で造られる。同じブドウなのに年によって、村によって、果ては畑によって香りも味も異なる。畑特有の地形、土壌、気候、さらに加えた人手の刻印。これらを総合してフランス語で「テロワール」という。ワイン造りとは、テロワールの表現なのだ。

「悪い年というものはない。年の個性があるだけ」と千砂。収量が減っても、ワインを待っている人はいる。そこに手塩にかけたワインを届けたいと考えている。

軍司泰史＝２０１６年12月21日

第3部

混迷する世界への視点

■インタビュー■

深い言葉が生まれる瞬間―スベトラーナ・アレクシエービッチ

2015年のノーベル文学賞を受賞したベラルーシの作家スベトラーナ・アレクシエービッチさんは、最新作「セカンドハンドの時代 『赤い国』を生きた人びと」でソ連崩壊を経験した人々の声を集め、心を打つ長大な作品に編んだ。普通の人々が、なぜこれほど深い言葉を語り得るのか尋ねた。（聞き手は軍司泰史）

痛みを語る

――最新作には、抑圧的だった旧ソ連を懐かしむ人がたくさん出てきます。なぜでしょう。

「『赤いユートピア』が強制収容所で成り立っていたと考えるのは誤りです。最初にあったのは美しい理念でした。地上に楽園をつくるのだと。抑圧はその後にやってきました」

「人々が語ったのは、自分が（理念を）どうやって信じていたかということでした。自分の人生を無駄だったと言える人は、まずいません。だから人々は戦争に赴いたことや、戦勝パレードに浮き浮きして出掛けたことを語ったのです」

「忘れてはいけないのは、彼らは別の人生を知らなかったということ、自由の下で生きた経験が全くなかったということです。もちろん広場を駆けて『自由を』と叫んだことはありました。でも、自由とは何かを理解していなかった。想像もつかなかったのです」

――最初の作品「戦争は女の顔をしていない」は、前線に出た女性たちの戦争です。新鮮でした。

「第2次大戦で100万人以上のソ連女性が戦場に赴いたにもかかわらず、戦後彼女たちは忘れられました。平和が訪れた故郷に、軍服姿で戻ってきたのです。男性からは結婚相手とみなされず、誰も彼女たちに関心を向けませんでした」

インタビューに答えるスベトラーナ・アレクシエービッチさん＝2016年11月25日、東大本郷

「私が話を聞きに訪れると、目に涙をためて迎え入れてくれました。なぜなら、戦争の時代は本当に心が震えるような日々だったから。

たのです」

戦地での初めての恋。（自分たちが）美しかった時代、強い感情を抱いて生きていた日々を語りたかっ

——恐ろしい経験も語られています。

「痛みを語るというのは、私たちの文化では驚くことではありません。痛みこそが（自らの）存在の形なのです。彼女たちは『私は全部話すけど、書くときは違うことを書いてね。ヒロイックにね』と注文しました」

「私が作ったのは、彼女たちが書いてはいけないと言ったことを全部入れた本です。書くことを彼女たちに納得してもらうのが最も難しかった」

愛と死の後で

——あなたの本では普通の人々が深い言葉を語っています。

「フランスのヤン・アルテュスベルトラン監督が製作した『ヒューマン』という映画があります。貧困層を含む普通の人々が、カメラに向かって語るのですが、震撼しました。愛について、子ども時代について、母親について、彼らの発する言葉の素晴らしさといったらありません」

「これが一つの例になると思います。私はよく『あなたの本には美しい人間ばかりが出てくる』と言われますが、愛を覚え、死を身近に感じた後では、人はすべてこのように語るものです。愛と死の（経験の）後で、人は爪先立つように自分より高い存在になるのです。そういう瞬間を、私は捉えるのです」

――ノーベル賞授賞式の講演で「小さな人」と「大きな歴史」を対比させていますね。

「私の本は証言集ではなく、多数の声からなる長編文学です。人間は大きな歴史の中では一粒の砂にすぎませんが、小さな歴史から大きな歴史が生まれるのです。一人一人を通して見ること。100万人単位で見ていても、ものは見えてきません」

――ロシアのプーチン大統領や米国のトランプ大統領など強い国を目指す指導者が支持される世界をどう見ていますか。

「人々が未来に恐怖を感じ、どうしていいか分からないということだと思います。だから『私はどうすればいいか知っている』と豪語する人々が指導者になるのです。ただ、彼らの示す解決法は、過去にあった方法です。人々は過去に救いを求めているのです。この意味でプーチンとトランプは似ています」

「今国民はプーチン大統領の言葉に耳を傾けますが、知識人の言葉は理解不能とされています。知識人は当惑し、沈黙しています。一番恐ろしい対立は、私たち知識人と国民の対立なのです」

SVETLANA・ALEXIEVICH　1948年生まれ。ジャーナリストとして地方紙で働いた後、84年に「戦争は女の顔をしていない」を発表。他の作品に「ボタン穴から見た戦争」「チェルノブイリの祈り」など。2015年、ノーベル文学賞受賞。

★魂の歴史★――――――――

アレクシエービッチさんが称賛した映画「ヒューマン」には、日本原水爆被害者団体協議会代表委員の坪井直さんも出演している。だが、語られるのは広島原爆という「大きな歴史」ではない。

被爆者であることを理由に結婚に反対され、恋人と心中を図ったときの経験だ。「あの世で一緒になろうと睡眠薬を飲んだのです」。だが、2人とも意識が戻る。「私たちの運命は悲しいじゃないかと本当に泣きました」。その後2人は結婚を許され、坪井さんは「何か苦しいことがあっても、あの時のことを思えば我慢できる」と語る。

「私が関心を持っているのは『魂の歴史』。大きな歴史が見逃したり見下したりする側面です」と語るアレクシエービッチさんが一貫して見据えるもの。それが、このシーンに垣間見える。

２０１７年１月10日

■インタビュー■

報道人は今こそ連帯を―デービッド・ケイ

国連人権理事会の特別報告者デービッド・ケイ氏は２０１６年、日本、トルコ、タジキスタンの言論・表現の自由をめぐる実態を調査した。メディアを敵視するトランプ米大統領やジャーナリストの対抗手段についても考えを聞いた。（聞き手は中川千歳）

調査報道により力を

――米大統領とメディアの関係をどう見ますか。

「非常に問題だと思います。トランプ氏は自分に都合の悪いニュースや媒体を『偽ニュース』『不正直なメディア』と断じています。米国の民主主義のために最も重要な監視機関を、このように扱うことは指導者のすべきことではありませんが、彼はそうは考えていないようです」

「当選後、最初の記者会見ではＣＮＮテレビの質問を拒絶しました。対抗して（その場で）声を上げた記者はいなかった。問題だと思いました。米国だけでなく日本もそうですが、職業人としてのジャーナリストの連帯が必要だと思います」

「トランプ氏はツイッターで考えを一方的に発信しますが、問い返すことはできません。プロパガンダの形になっています。今後米国の記者はホワイトハウスの会見をカバーするよりも、調査報道により力を入れる必要があるでしょう」

意図的な「ポスト真実」

――米大統領選では多くの「偽ニュース」が出回り、投票行動にも影響したとみられます。「ポスト真実」時代のメディアの役割はなんでしょう。

「長期的にはメディアが自分たちの取材について一層説明することが求められると思います。結果だけを伝えるのでなく、取材の過程や理由、意義を明らかにし、ジャーナリズムの技法はうわさやプロパガンダとは大きく異なることを示すことが、非常に大切になると思います」

「偽ニュースに伴うヒステリーも懸念しています。トランプ氏は『オバマ（前大統領）はケニア生まれ』などと偽ニュースを流し、ヒステリーの火をあおりました。われわれは特に高度な監視が必要だと思います」

「欧米ではテロや難民問題により、従来の社会環境が保障されない時代になりました。人々は運命を自ら制御できないと感じると悪者を探します。社会が不安定になると、偽ニュースのようなものがけん引力を持つようになります。『ポスト真実』は、力を得ようとする人間が意図的につくり出したものなのです」

身を守る組織づくりを

――日本の調査で見えた問題は何ですか。

「きっかけの一つは（２０１４年12月に施行された）特定秘密保護法の法案審議に前任者が気を留めたことです。同法の問題は、何が法に触れるのかが明らかになっていない点と、秘密漏えいなどに厳しい懲役刑が科されることです。記者が原発政策などについて取材しようとしても、取得した情報が同法に抵触しているか分からず、取材をやめてしまうこともあり得ます。記者らを保護し、仕事ができるよう法に明記すべきです」

「公平性侵害などの理由で、政府による放送局の放映権停止を可能にする放送法第4条も問題です。放送局への脅しとなっており、政府には微妙な問題の報道をやめさせる圧力手段になっています。総務省ではなく独立組織が規制権限を持つべきです」

「記者クラブを廃止することでも、状況が改善すると思います。所属する媒体はクラブから外されることを恐れて（当局に）厳しい質問をぶつけることが困難になっています。廃止は独立系メディアの取材範囲を広げることにもなります」

インタビューに答えるデービッド・ケイ氏

「日本政府は、メディアによる厳しい質問に耐え、独立したメディアを奨励する役割を担わなくてはいけません。それが信用や開かれた議論をもたらします。メディアも圧力に屈しないよう、一層結束して身を守る組織づくりが必要です」

——トルコなどの状況は。

「トルコでは16年7月のクーデター未遂以来、ジャーナリストらへの締め付けが激しくなり、投獄されています。多くはクーデター未遂の黒幕に加担したとして訴追されましたが、具体的な証拠もないまま罪に問われており、不条理さに当惑しています」

「タジキスタンの言論状況はさらに劣悪でした。長くソ連の影響下にあったため有力な報道機関の歴史は短く、多くの報道機関や表現者が政府からの嫌がらせを受けています」

ＤＡＶＩＤ・ＫＡＹＥ　１９６８年米テキサス州生まれ。カリフォルニア大アーバイン校教授。２０１４年８月から国連人権理事会の「言論および表現の自由の保護に関する特別報告者」。

★魔女の火あぶり★

ケイ氏は、トルコで面会がかなわなかった獄中の著名作家アスリ・エルドアンさんから後日手紙をもらった。エルドアンさんは「なぜ私が『魔女の火あぶり』に遭ったのか非常に驚いている」とし「私たちは人権を守る国際組織の助けを、死ぬほど必要としている」とつづった。

トルコはクーデター未遂後、非常事態宣言を悪用して言論機関を弾圧しているとの批判を浴びている。ケイ氏に対し当局者は「国は脅威に直面している」と言論人の取り締まりを正当化した。日本でも戦時下の治安維持法による言論弾圧の苦い過去がある。特定秘密保護法や、「共謀罪」法案も懸念を広げている。心してかからないと「魔女の火あぶり」は人ごとではなくなる。

２０１７年2月3日

◎ケイ氏は２０１７年5月、放送法第４条の廃止勧告を含む、対日審査報告書を発表した。高市早苗総務相は16年の対日調査時、ケイ氏の面会要請を拒否したにもかかわらず「私どもの立場を反映していない」と不満を表明した。

■インタビュー■

弾圧者は親しげに来訪する――アラン・ラスブリジャー

英高級紙ガーディアンは２０１３年、米中央情報局（ＣＩＡ）元職員エドワード・スノーデン氏が暴露した米英情報機関による大量の個人情報収集・監視をスクープした。前編集長のアラン・ラスブリジャー氏が、同紙が受けた弾圧やジャーナリズムの未来について語った。（聞き手は軍司泰史）

ハードディスクを破壊せよ

――スノーデン氏と16年9月、モスクワで会ったそうですね。

「元気でしたよ。やるべき有益な仕事に取り組んでいました」

――スクープの最も重要な意義は。

「スノーデン氏は、米国家安全保障局（NSA）や英政府通信本部（GCHQ）による、想像をはるかに超えた個人情報収集を暴露しました。問題は、適切な法的枠組みを外れ、人々の同意なく行われた点です」

「多くの議会や裁判所が、これを法令違反、憲法違反として組織を縮小したり議会の監視下に置いたりしました。スノーデン氏の暴露の結果、世界はより良い場所になり、ほとんどの人々がスノーデン氏の暴露の理由を理解したと思います」

――報道に政府の弾圧があったと聞きました。

「報道開始後、首相府の高官が来訪して『（記事は）実に興味深い。だが、もう終わりだ』と言いました。私は『あなたから言われる筋合いはない』と反論しました」

「米国には（報道の自由を守る）憲法修正第1条がありますが、英国にはありません。編集長としての難題は、英当局が報道差し止めを命令できることでした。当時（スノーデン文書の）素材は、ブラジル在住の同僚や米紙も持っており、私はロンドンで報道を阻止しても、外国での報道は止まらないことを理解すべきだと主張しました」

「それでも役人たちは（素材の入った）ハードディスクの破壊を要求しました。私はこれで報道を続けつつ差し止めを免れると考えました。代償がパソコン数台の破壊で済むなら、悪くないと」

冷静さを保て

——役人たちの態度は。

「皆親しげでしたよ。強圧的なところはなかった。でも、われわれが拒否すれば、次は警察当局が出てきたでしょう」

ハードディスクの残骸を手にする英ガーディアン紙前編集長のアラン・ラスブリジャー氏＝英オックスフォード

「ここにハードディスクの残骸があります。破壊作業が終わったとき、こんな状態でした」

——スノーデン文書の後、各国指導層の租税回避を暴いた「パナマ文書」の報道がありました。

「パナマ文書報道は驚くべきものでした。（世界各国の）４００人近いジャーナリストが全員規律を守り、一斉に報道を始めました。それぞれの調査に資する合同システムを立ち上げて。こうした協力は、未来への良き指針になるでしょう。ある国家が報道を規制しようとしても、別の場所から報道が続きますから」

――報道機関を敵視するトランプ米政権とどう向き合うべきでしょうか。

「冷静さを保つことが必要です。初めから敵対しないこと。われわれが信じることをやることだと思います。事実に立ち向かい続け、強靱でなければなりません」

「もし、トランプ大統領が質問への回答を拒否したら、別の記者が同じ質問をすべきです。穏やかに、粘り強く。同僚記者が狙い撃ちされるのを許してはいけません」

人々に納得してもらう方法を

――ネット上で偽ニュースが出回る現状を、どう考えていますか。

「教育が何とかすべきです。ここ（英オックスフォード大）でも、学生らはフェイスブックからニュースを得ます。ではフェイスブックの情報入手先はと聞くと、彼らはポカンとします。信頼できる報道と、そうでない報道の違いを教える必要があります」

「われわれはジャーナリストとして、事実がいかに民主主義に必要かを、人々に納得してもらう方法を考える必要があります。事実についての共通理解なしに、民主主義はあり得ないことを」

――ジャーナリズムの未来をどう見ますか。

「まあまあ楽観しています。私はミツバチの比喩を使います。ミツバチは当たり前のように辺りにいる。万一全滅すれば、生命の終わりです。ミツバチは植物の受粉に必要だから」

「記者も当たり前のようにいると思われている。記者がいなくなれば、ニュースのない社会になります。民主主義は機能不全に陥るでしょう。何も信じられない。ある種の政治家が、こうした混乱を望む理由は分かりますね。自分の語りが唯一の語りとなるからです。実に邪悪な考え方です」

ＡＬＡＮ・ＲＵＳＢＲＩＤＧＥＲ　１９５３年生まれ。79年ガーディアン紙に入り、95〜２０１５年編集長。ウィキリークス文書などもスクープ。現在は英オックスフォード大レディー・マーガレット・ホール学長。

★国家のむなしさ★

政府が報道機関に、機密ファイルの入ったパソコンの破壊を要求する──。「ラッダイト運動」の時代ならいざしらず、現代のロンドンで起きるには、あまりに異様な出来事ではないか。ガーディアン紙のスタッフは政府役人たちの目の前で、ハンマーやドリルを使ってパソコンをたたきつぶした。火花が上がり、粉じんも舞ったという。その残骸を今も所持する理由について、ラスブリジャー前編集長は「国家による弾圧の象徴だから」と述べた。

役人らは報道が続くと知りながら、破壊させており「国家がいかにむなしいかの象徴でもある」。ラスブリジャー氏は「歴史的事物として(工芸品を集めた)ロンドンのビクトリア・アンド・アルバート博物館に複製を展示すべきだね」と笑った。私も同意した。

２０１７年３月３日

■インタビュー■

共謀罪、大量監視の始まり──エドワード・スノーデン

米中央情報局（CIA）の元職員エドワード・スノーデン氏は2013年、米国家安全保障局（NSA）などによる大規模な個人情報収集を内部告発し、世界に衝撃を与えた。日本で、「共謀罪」の趣旨を盛り込んだ組織犯罪処罰法改正案が国会審議に付されている最中に、亡命先のロシア・モスクワで監視社会の危険性などについて聞いた。（聞き手は軍司泰史）

あらゆる人物の私生活の完璧な記録を作る

──「共謀罪」法案について、国連の人権理事会が選任した「プライバシーの権利」に関する特別報告者であるジョセフ・ケナタッチ氏が、深刻な懸念を表明しました。

「報告者と国連に同意します。法案がなぜ必要なのか、明確な根拠が誰にもわかりません。理解可能な唯一の答えは、新たな監視方法を公認するということです」

「（共謀罪法案は）日本における大量監視の新たな波の始まりとなり、日本にこれまで存在していなかった監視文化が日常のものになるでしょう。通常民主主義において、国家と市民は一体であるとみなされます。しかし、監視社会は一般人と政府の力関係を変えてしまう。『支配者と家臣』のような関係に近づきます。これは危険です」

――日本政府は「共謀罪」法案について、「一般人が処罰の対象になることはない」と説明しています。

「米中枢同時テロ後の米国で『愛国者法』が成立したとき、米政府は日本政府と同じことを言いました。『(監視は)一般人を対象としたものではない。(国際テロ組織)アルカイダのテロリストを見つけ出すためだ』と。しかし、法成立の数年後、米政府は公に知らせることなく密かに、この法律を米国や世界中の通話記録収集に活用しました」

「日本政府が、新たな監視方法を導入するつもりがないと言うなら、そう法案に書き込むべきです。(国民に)政府を信用せよと求めるのではなく、政府が信用に足る理由を自らの行動で明示すべきです」

――あなたが暴露した文書の中に、大量監視システム「エックスキースコア」が米国から日本に供与されたことをうかがわせる記述がありました。

「文書によれば、ＮＳＡは日本側とエックスキースコアを共有しています。(供与を示した)機密文書は本物です。米政府も認めています。しかし、日本政府は文書を本物と認めない。(この状況は)ばかげています」

――エックスキースコアは何ができるのですか。

「私も使っていました。このシステムの背後にある考えは、あらゆる人物の私生活の完璧な記録を作ることです。どんな電話でも、パソコンでも、メールでも、クレジットカードの使用履歴でも関心の対象となります。いわば常時稼働している監視の『タイムマシン』です」

「一方で、米国の二つの独立委員会が、10年間続いた大量監視では1件のテロも阻止できなかったと報告書で結論づけました。テロリストたちは謀議にインターネットを使いません。彼らは、監視されていることを知っているからです」

——情報当局の暴走を止めるにはどうすればいいですか。

「情報当局の監視には、議会と司法による監督が有効です。特に司法は、個別のケースについてチェックする必要があります」

新たな種類の植民地主義

——日本に赴任していた頃（２００９～11年）は何をしていたのですか。

「米軍横田基地にいた頃は、福生市に住んでいました。私は日本だけでなく、アジア各地に散らばる米国の通信網を構築する技術者でした」

——あなたが暴露した文書には、横田基地で２００４年に新たな施設を建設した際に費用６６０万ドルのほとんどを日本政府が負担したことを示すものも含まれています。

「悲しいことですが、事実はこの通りです。米軍駐留経費の肩代わりは、米軍が駐留する同盟各国に共通します。新たな種類の植民地主義なのです」

——15年には、NSAが日本の省庁や大企業の通話を盗聴していたことが、内部告発サイト「ウィキリークス」で発覚しましたが、日本側は抗議をしませんでした。

「実に奇妙です。日本の同盟国である米国が日本の法律を破っていたとのあらゆる証拠が揃って

米中央情報局（CIA）の元職員エドワード・スノーデン氏＝モスクワ（撮影・フランク・ヘアフォート）

いるのに、日本政府は抗議もせず、説明も求めない。苦情を伝え、正しくないと指摘すべきだとの義務を感じていない。ドイツのメルケル首相は、自身の携帯電話がＮＳＡに盗聴されていたと発覚したとき、『まあ、いい』とは言いませんでした。彼女は抗議して、やめるべきだと言いましたよ」

――共謀罪法案は、実は米国がデザインしたのではないですか。

「正直なところ、分かりません。もうＮＳＡを離れていたので」

「ただ、こういうことは言えます。米政府が日本側に『日本の秘密保護法は気に入らない。罰則が十分ではない。秘密保護法を強化しないと、日本に機密情報は供与できない』と持ちかける。私は（特定秘密保護法の作成過程で）起きたことを見てきました。それが再び起きたのかもしれない。テロ対策という重大な問題で、日本が（米側に）助言を求めないということは、あり得ないように思えます」

――内部告発は、とても勇気のいる行為だと思います。

「私の個人的経験から言えば、死ぬほど怖いことです。でも、やる価値はある。なぜなら、もしわれわれが政府の犯罪と腐敗を目撃してそれを見過ごせば、世界はわれわれだけでなく、子どもたちにとっても、さらにひどい場所になってしまうからです」

――モスクワでの生活はいかがですか。

「亡命生活はどうですかと、常に聞かれます。もちろん米国の家に帰りたい。ロシアに住むことを望んだわけではありません。もし、日本で歓迎していただければ、嬉しいです」

「素敵なのは、今や世界各地に出かける経験ができることです。先月、私は米国の大学でスピーチをしました。明日はポルトガルの会議で話します。私はインターネットに住んでいるのです」

ＥＤＷＡＲＤ・ＳＮＯＷＤＥＮ　１９８３年６月21日、米ノースカロライナ州生まれ。中央情報局（ＣＩＡ）に雇われ、09年に在日米軍横田基地内の国家安全保障局（ＮＳＡ）に勤務。13年６月、ＮＳＡによる米国や世界規模での大量監視の実態を英ガーディアン紙などに暴露した。同月ロシアに渡り政治亡命。米当局はスパイ活動取締法違反などの疑いで訴追。その一方で、監視社会の実態を警告した「内部告発者」として評価する声が高まっている。

★プライバシーとは自由★

モスクワでインタビューした際、スノーデン氏は日本の市民に向けたメッセージも語ってくれた。要旨は次の通り。

ここ数年、世界各地で起きている大量監視を巡り「もしあなたに何も隠すものがないなら、何も恐れることはない」ということがよく言われます。これはナチス・ドイツのプロパガンダが起源です。

プライバシーは、隠すための何かではありません。プライバシーは、守るための何かです。開かれた社会、人々が多様でいられる社会、自分の考えを持つことができる社会を守るための何かです。

もし「プライバシーは時代遅れだ。必要ない」と言えば、もはや自分自身も家も、何も自分のものではなくなります。あなたは社会に属していますが、自由で開かれた世界では、社会はわれわれ全員のものなのです。

「プライバシーなどどうでもいい、隠すことは何もない」と言うことは「言論の自由はどうでもいい、なぜなら何も言いたいことがないから」と言うことと同じです。反社会的で、自由に反する恥ずべき考え方です。

ジャーナリストにプライバシーを侵されていると話す政府高官たちはプライバシーが誰のた

めのものかを理解していません。プライバシーは強者のためのものではありません。弱者のためのものです。自分を守ることができない人のためものなのです。

私は米政府が米国人や日本人の権利を侵害しているという真実を暴露したことで、違法とされました。道義に沿う決断をするためには法律を破るしかない場合があります。歴史的にも、完全に合法だが完全に倫理に反しているという政策や決定はありました。

私は日本の皆さんに、合法かどうかよりも常に道義に合っているかどうかを第一に考えていただきたいと申し上げます。法律は重要です。法律は守るべきですが、社会、国民、将来のためになるという限りにおいてなのです。

あとがき

本書は、共同通信が2016年1月から12月まで加盟各紙に配信し、35紙が掲載した国際通年企画「伝える　訴える」をまとめたものである。全50回のルポルタージュに、番外編の識者インタビュー計3回、さらに筆者が2017年5月にモスクワで行った元米中央情報局（CIA）職員、エドワード・スノーデン氏のインタビューを加えた。

国際通年企画は、世界が等しく直面している問題、例えば地球温暖化やグローバル化、宗教などについて約1年間かけて取材し掘り下げる連載である。今回、メディアと表現者の世界を取り上げようと考えたのは、ほかでもない、自分たちジャーナリズムの世界の足元がかつてないほど揺らいでいるとの自覚からだった。

インターネットや会員制交流サイト（SNS）の浸透が、新聞離れやテレビ離れを招いていることは10年以上前から指摘されている。個人発信の真偽すら定かでない情報が世界中を駆け巡る状況は、もはや常態化している。超大国の政府が、明らかに誤った情報を「オルタナティブ・ファクト」（もう一つの事実）と呼んで恥じない時代が来ようとは、少し前まで想像すらできなかった。

そもそも、私たちが日々の仕事でよりどころとしている「表現の自由」はどうか。息も絶え絶えではないのか。国際ジャーナリスト組織「国境なき記者団」が毎年発表している報道の自由度ランキングで、日本は2010年の11位から16年には72位まで転落している（17年も同順位）。14年施行の特定秘密保護法、15年にはプロローグで作家の池澤夏樹氏が指摘しているように政権中枢から「新聞をつぶせ」という耳を疑うような声が聞こえてきた。国家が人々の内心の自由にまで踏み込む、17年成立の「共謀罪」法は、あきらかにその延長線上にある。

表現は今、どれほど自由なのか。あるいは抑圧、封殺、監視されているのか。世界を歩き、同業者を訪ね、表現を禁じられた人々の「声なき声」に耳を澄ませたい。連載は、そうした思いで進められた。

不思議なことだが、国や文化、政治体制が異なっていても、メディアの世界で生きる人々は意外に似たような思考・行動様式を持っている。あえて言えば「自分と同じにおいがする」。取材が容易だった訳ではない。メディアの世界を知っているだけに、ディフェンシブに応対されたこともある。それでも、全体として彼らは率直に語ってくれた。このことに感謝したい。一方で、取材記者たちは、相手の話を聞きつつ、自分自身と向き合っていたのかもしれない。すべてのルポの末尾に付けた「記者ノート」で、経験を積んだ何人もの記者が、仕事の原点に思いをはせていることからも、それは分かる。

第3部のインタビューで、ノーベル文学賞作家のスベトラーナ・アレクシエービッチ氏は、第2次大戦中に旧ソ連軍に従軍した女性兵士から話を聞いた際の思い出を語っている。彼女たちは戦後、男性からは結婚相手とみなされず、社会からは忘れ去られていた。「私が話を聞きに訪れると、目に涙をためて迎え入れてくれました。なぜなら、戦争の時代は本当に心が震えるような日々だったから。戦地での初めての恋。（自分たちが）美しかった時代、強い感情を抱いて生きていた日々を語りたかったのです」。

　ルポの中では、中国政府の圧政に焼身抗議し亡くなった19歳のチベット人女性の母親が、せきを切ったように思いを語ってくれた。「大きな仕事をしたね、と言ってあげたい」「でも、歌声を録音しておけば良かった。それだけが心残り」。チベットの焼身抗議者は、中国当局から「テロリスト」とみなされる。外国メディアとの接触で、自分にどのような運命が待ち受けているか分からない。それでも、母親は語りたかった。

　取材を進めていくうちに、私たちは「事実を伝え、思いを訴える」ということが、人間の本能とも言うべき根源的な欲求であることに気付かされた。自分が危険にさらされても、伝えたい。怒りを、悲しみを誰かに聞いてもらいたい。自分が自分自身でいるために、これだけは言っておきたい――。この欲求を封じられると、おそらく私たちの中の何かが死ぬ。そして社会が壊死していく。

　インタビューで会った元ＣＩＡ職員のエドワード・スノーデン氏は、「プライバシー」や「監視」といった主題に深い洞察を巡らせている人だった。自ら内部告発した、あらゆる通信情報が国家や権力に筒抜けになっている状況が、内心の自由を奪い、民主政治を損なっていることに強い危機感を訴えた。「プライバシーは、隠すための何かではありません。守るための何かです。人々が多様でいられる社会、自分の考えを持つことができる社会を守るための何かです」。共謀罪法が成立し、監視社会への懸念が広がる今、この警告をかみしめたい。

　書籍化に当たっては、ルポルタージュの順番を大幅に入れ替え、内容も一部に加筆・修正を施した。登場人物の肩書や年齢、各国通貨の為替レートなどはいずれも配信日当時のものである。執筆には33人が、撮影には24人が当たった。記事と、使用した写真にそれぞれの名前を付した。

連載中、副編集長として支えてもらった石山永一郎氏、メインライターの役割を担ってもらった舟越美夏氏に感謝の意を表したい。2人からは書籍化に当たっても、数々の助言を受けた。写真の選択では、金子武史氏にお世話になった。新聞連載を書籍化するという困難な仕事を引き受け、実現していただいた柘植書房新社の上浦英俊氏には特に感謝したい。

2017年8月20日

「伝える　訴える」編集長

軍司泰史

◆執筆者リスト◆

第1部　メディア流転

■テロと表現■

非常事態、凍える自由　：軍司泰史

シャルリエブド漂流　：軍司泰史

憎まない、君たちの負けだ　：軍司泰史

■告発は死なず■

ラジオは銃弾を超えて　：石山永一郎

無法と闘い「血の報復」　：中川千歳

プーチン支持一色に抗して　：小泉忠之

■対テロ戦争のはざまで■

虐殺を発信し続けた79日　：舟越美夏

母の目前、息子は殺された　：舟越美夏

唯一のカメラ、だから残る　：舟越美夏

■歴史の目撃者■

独裁最後の日、新聞は　：軍司泰史

投獄から再起した報道人　：田島秀則

ユダヤ文化の離れ小島で　：小熊宏尚

■カメラは語る■

難民の悲劇、世界を駆ける　：高橋伸輔

紛争カメラマンの苦悩　：稲葉俊之

魂を揺さぶる野生の息吹　：畠山卓也

ゴリラの姿、地元のために　：井田徹治

■デジタルの宇宙■

「忘れられる権利」求めて　：永田潤

仮想現実が巻き起こす熱狂　：大塚圭一郎

「知識が世界を良くする」　：小田智博

■新聞盛衰物語■

地下鉄駅から始まった革命　：高木勝悟

黄金時代去り、消滅の危機　：遠藤幹宜

監視不在、行政に不正横行　：山本慶一朗

■最前線で■

困窮の中「やるしかない」　：澤康臣

「不信の壁」崩せず敗北　：豊田祐基子

路地駆ける少年少女記者　：角田隆一

生活の真ん中、伝統支える　：高山裕康

第2部　表現の現在

■究極の抗議■

■編著者：共同通信社取材班、軍司泰史（ぐんじ　やすし）

写真提供：キャプションに特に断りがないものは、全て共同通信イメージズによるものです。

伝える　訴える
――「表現の自由」は今

2017年10月25日第1刷発行　定価2,000円＋税

編　著　者　共同通信社取材班、軍司泰史
装　　　幀　吉田富男
発　行　所　柘植《つげ》書房新社
〒113-0001　東京都文京区白山1-2-10　秋田ハウス102
TEL 03（3818）9270　FAX 03（3818）9274
郵便振替00160-4-113372　http://www.tsugeshobo.com
印刷・製本　創栄図書印刷株式会社

乱丁・落丁はお取り替えいたします。　ISBN978-4-8068-0702-5　C0030

アジア・ルポルタージュ紀行

平壌からバクダッドまで

石山永一郎著

定価1800円+税

ISBN978-4-8068-0658-5

岐路から未来へ

共同通信社編

定価2500円+税

ISBN978-4-8068-0674-5

菅家喜六「世界一周記」

昭和6年、激動のヨーロッパ・アジアを歩く

「伝記」刊行会編・町田久次解説

定価3200円+税

ISBN978-4-8068-0690-5

第１章　出発～白夜の都より
第２章　伯林～北欧歴訪の旅
第３章　テームス河畔より
第４章　倫敦から巴里へ
第５章　オランダから南欧へ
第６章　その後、社長時代の菅家喜六
第７章　菅家喜六「青雲の軌跡」菅家長平

未来への選択

地球最新報告

共同通信社編

定価2500円+税

ISBN978-4-8068-0541-6

文明が今、壁に突き当たっているのではないだろうか。便利さだけを追求し貧富の格差を助長する一方の文明のあり方に人類は疲れているのではないだろうか。人類は「選択」を迫られている。（あとがきより）

日の丸が島々を席巻した日々

フィリピン人の記憶と省察

レナト・コンスタンティーノ編／

水藤眞樹太訳

定価3600円+税

ISBN978-4-8068-0675-2

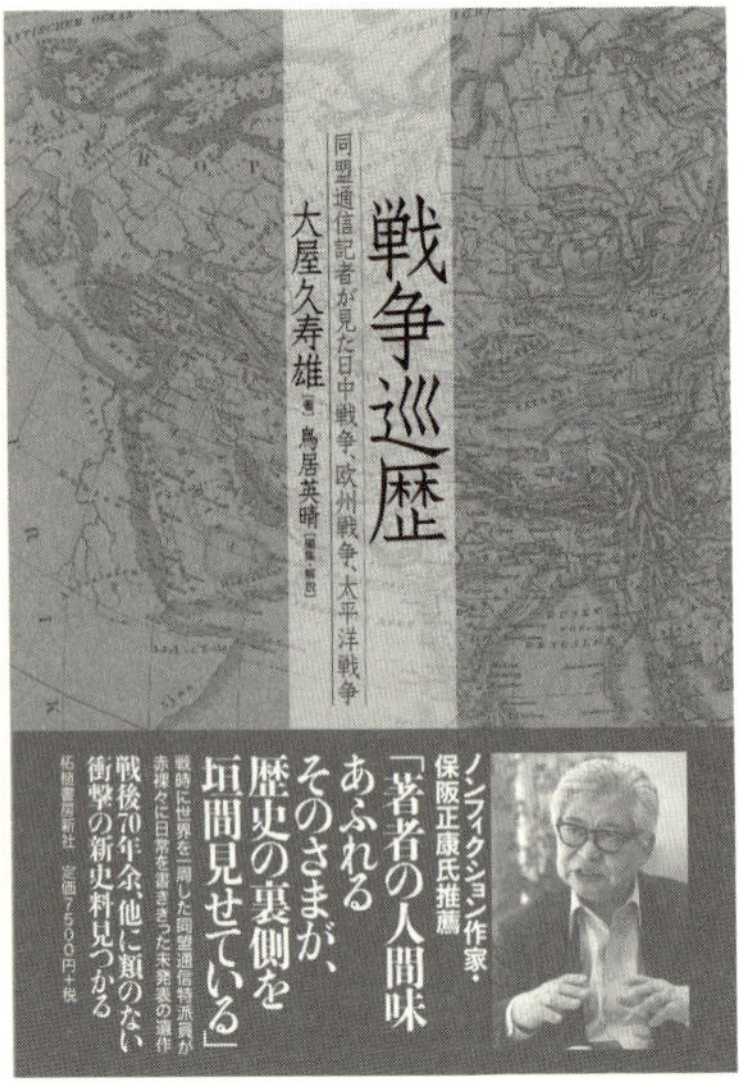

戦争巡歴

同盟通信機記者が見た日中戦争、欧州戦争、太平洋戦争

大屋久寿雄著・鳥居英晴編解説

定価7500円+税

ISBN978-4-8068-0685-1